# Constitucionalismo Climático

## — ESTADO DE DIREITO E JUSTIÇA CLIMÁTICA —

Dados Internacionais de Catalogação na Publicação (CIP)

---

C331c Carvalho, Délton Winter de.

Constitucionalismo climático : estado de direito e justiça climática / Délton Winter de Carvalho. – 2. ed. rev. atual. Porto Alegre : Livraria do Advogado, 2025.

122 p. ; 21 cm.

Inclui bibliografia.

ISBN 978-85-9590-140-7

1. Direito ambiental. 2. Direito constitucional. 3. Emergência climática. 4. Mudanças climáticas. I. Título.

CDU 349.6:342

---

Índice para catálogo sistemático:

1. Direito ambiental : Direito constitucional 349.6:342

(Bibliotecária responsável: Sabrina Leal Araujo – CRB 6/4287)

Délton Winter de Carvalho

# Constitucionalismo Climático

## — ESTADO DE DIREITO E JUSTIÇA CLIMÁTICA —

2ª EDIÇÃO
revista e atualizada

livraria DO ADVOGADO editora

Porto Alegre, 2025

*Capa, projeto gráfico e diagramação*
Livraria do Advogado Editora

*Revisão*
Rosane Marques Borba

*Direitos desta edição reservados por*
**Livraria do Advogado Editora**
Rua Riachuelo, 1334 s/104
90010-273 Porto Alegre RS
Fone: (51) 3225-3311
livraria@doadvogado.com.br
www.doadvogado.com.br

Impresso no Brasil / Printed in Brazil

*A mudança climática é a questão definidora de nosso tempo – e estamos em um momento decisivo. Nós estamos enfrentando uma ameaça existencial direta.*

(Secretário-Geral das Nações Unidas, António Guterres, 2018)

# Sumário

# 1. Emergência climática: configurando o cenário emergencial

As mudanças estruturais sociais ocasionam não apenas releituras dos textos constitucionais, aproximando horizontes de sentido temporal, como também exigem inserções novas ao longo do tempo. A emergência climática, como fenômeno contemporâneo, traz à sociedade global o desafio de responder às mudanças climáticas, antes que cenários catastróficos possam se tornar realidade. O presente capítulo tem por ambição promover uma incursão sobre os aspectos científicos, políticos e jurídicos da expressão *emergência climática*, em face do seu crescente uso nos mais variados contextos. O objeto temático consiste em revelar o seu sentido, a sua natureza e os seus usos, especialmente em seus aspectos constitucionais.

Ante uma escalada dos efeitos adversos das mudanças climáticas e uma chegada antecipada de seus eventos climáticos extremos, amplamente documentados, observa-se um crescente uso da expressão *emergência climática* em nível global. Apenas para se ter uma dimensão da proliferação política da expressão, em julho de 2022, já haviam sido registradas 2.121 declarações de emergência climática entre governos nacionais e subnacionais.[1] Em fevereiro de 2024 já eram 2.355 jurisdições em 40 países, abrangendo mais de

---

[1] CLIMATE EMERGENCY DECLARATION. *Climate emergency declarations in 2,121 jurisdictions and local governments cover 1 billion citzens.* Disponível em: https://climateemergencydeclaration.org/climate-emergency-declarations-cover-15-million-citizens/. Acesso em: 16 jul. 2022.

1 bilhão de cidadãos no mundo.[2] Apesar de uma efervescência no uso generalizado desta expressão, seus possíveis sentidos e efeitos jurídicos ainda se mostram turvos e incertos.

A delimitação de *poderes de emergência climática* depende primeiramente de uma breve reflexão acerca dos pressupostos científicos da crise climática e de como esta vem gerando mobilizações sociais e, consequentemente, políticas ao redor do mundo. É nesta esteira que se aborda, num primeiro momento, a *dimensão científica da emergência climática*, apresentando dados consolidados acerca da crise climática global, assim como os cenários necessários para manter o aquecimento global em níveis compatíveis com a capacidade adaptativa humana e dos ecossistemas planetários.

O crescimento da intensificação dos fenômenos climáticos extremos, acompanhado destas sólidas informações científicas sobre os cenários atuais e futuros, gera uma intensa proliferação de movimentos sociais com o intuito de cobrar dos governos e dos atores privados ações concretas para mitigação e adaptação climática. Esta dimensão política é enfrentada na segunda parte deste artigo, a partir de uma análise lançada sobre o fenômeno, transnacional, de propagação de declarações de reconhecimento de emergência climática, nos mais diversos níveis (regional, nacional e subnacional) e "fusos horários".

Finalmente, uma vez politicamente declarada a emergência climática, surgem diversas dúvidas acerca de sua força normativa. Para responder a esta questão, é fundamental, *a priori*, compreender os modelos constitucionais e infraconstitucionais forjados no Estado de Direito para atender às circunstâncias excepcionais. A análise destes regimes, com um olhar lançado tanto

[2] CLIMATE EMERGENCY DECLARATION. *Climate emergency declarations in 2,355 jurisdictions and local governments cover 1 billion citzens.* Disponível em: https://climateemergencydeclaration.org/climate-emergency-declarations-cover-15-million-citizens/. Acesso em: 31 mar. 2024.

para o passado quanto para o futuro, promove revelações acerca dos limites e possibilidades desta nova espécie de estado de emergência. É disso que trata o presente item, revelar as feições jurídicas das declarações de emergência, como verdadeira tradução jurídica das ruidosas "sirenes" já disparadas pela ciência e que já ecoam na (geo)política mundial.

### *1.1. A dimensão científica da emergência climática*

O ano de 2023 foi oficialmente o mais quente da história.[3] Em 2021, o Reino Unido já havia atingido, pela primeira, vez em 300 anos, temperaturas acima de 40°C,[4] dando indícios de que o verão europeu daquele ano seria o mais quente na história.[5] Infelizmente, os estudos acerca dos cenários climáticos demonstram que tais temperaturas possam ser rapidamente superadas. Apesar de diferenças regionais, tais números acompanham padrões alarmantes de aumento médio da temperatura global, estes diagnosticados por instituições com autoridade e credibilidade científica internacionalmente na matéria. Para a NASA, "a temperatura média

---

[3] NATIONAL OCEANIC AND ATMOSPHERIC ADMINISTRATION. 2023 was the world's warmest year on record, by far. Disponível em: https://www.noaa.gov/news/2023-was-worlds-warmest-year-on-record-by-far#:~:text=Earth's%20average%20land%20and%20ocean,0.15%20of%20a%20degree%20C). Acesso em: 29 mar. 2024; NASA Analysis Confirms 2023 as the Warmest year on Record. Disponível em: https://www.nasa.gov/news-release/nasa-analysis-confirms-2023-as-warmest-year-on-record/. Acesso em: 28 mar. 2024.

[4] BOOTH, Robert; ABDUL, Geneva. *UK reaches hottest ever temperature as 40.2C recorded at Heathrow. In:* The Guardian. London, 19 jul. 2022. Disponível em:https://www.theguardian.com/uk-news/2022/jul/19/uk-weather-record-hottest-day-ever-heatwave#:~:text=UK%20reaches%20hottest%20ever%20temperature%20as%2040.2C%20recorded%20at%20Heathrow,-Households%20told%20to&text=Britain%20has%20recorded%20its%20highest,first%20time%2C%20at%20Heathrow%20airport. Acesso em: 29 jul. 2022.

[5] GARRIC, Audrey. *In Europe, the summer of 2021 was the hottest ever recorded. In:* Le Monde. Paris, 25 abr. 2022. Disponível em: https://www.lemonde.fr/en/environment/article/2022/04/25/in-europe-the-summer-of-2021-was-the-hottest-ever-recorded_5981569_114.html. Acesso em: 29 jul. 2022.

global da superfície da Terra em 2020 se igualou à de 2016 como o ano mais quente já registrado, continuando uma tendência de aquecimento de longo prazo devido às atividades humanas".[6]

Em 2022, a Organização Mundial de Meteorologia atestou que "embora as temperaturas médias globais tenham sido temporariamente resfriadas pelos eventos La Niña de 2020-2022, 2021 ainda foi um dos sete anos mais quentes já registrados".[7] Tais conclusões foram obtidas a partir de dados obtidos com os seis[8] principais bancos de dados internacionais, consolidados pela instituição. Desde a década de 1980, cada década subsequente tem sido mais quente do que a anterior, sendo esperado que este padrão continue.[9] Ainda, "os sete anos mais quentes foram todos registrados a partir de 2015, com 2016, 2019 e 2020 sendo os três primeiros".[10] Escalada esta, visualmente demonstrável nas figuras a seguir.

---

[6] NATIONAL AERONAUTICS AND SPACE ADMINISTRATION (NASA). *Key Indicators:* Global Temperature. Washington: NASA, 01 ago. 2022. Disponível em: https://climate.nasa.gov/vital-signs/global-temperature/. Acesso em: 20 jun. 2022.

[7] WORLD METEOROLOGICAL ORGANIZATION (WMO). *2021 one of the seven warmest years on record, consolidated data show.* Switzerland: WMO, 20 jun. 2022. Disponível em: https://public.wmo.int/en/media/press-release/2021-one-of-seven-warmest-years-record-wmo-consolidated-data-shows#:~:text=Since%20the%201980s%2C%20each%20decade,to%20record%20global%20average%20warming. Acesso em: 20 jul. 2022.

[8] São eles: United States National Oceanic and Atmospheric Administration (NOAA), NASA's Goddard Institute for Space Studies (NASA GISS), the United Kingdom's Met Office Hadley Centre/University of East Anglia's Climatic Research Unit (HadCRUT), Berkeley Earth group, European Centre for Medium Range Wearher Forecasts e seu Copernicus Climate Change Service, e o Japan Meteorological Agency (JMA).

[9] WORLD METEOROLOGICAL ORGANIZATION (WMO). *loc cit.*

[10] Idem.

Figura 1 – Histórico da temperatura média global anual da superfície terrestre e oceânica de 1850 até 2021.

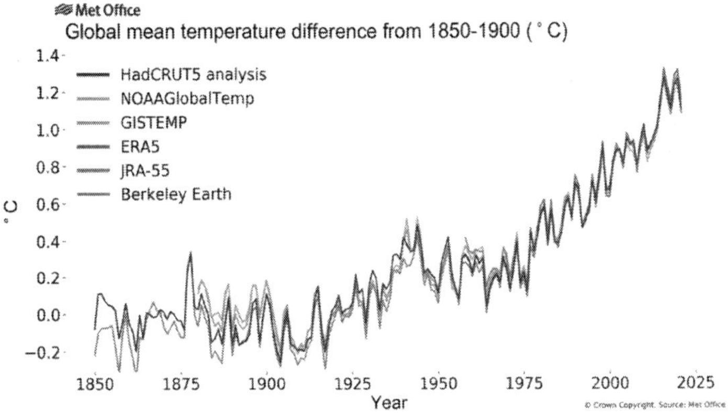


Fonte: WMO, 2022.

E tais números culminam com o ano de 2023, como o ano mais quente até então registrado.

Figura 2 – Histórico da temperatura média global anual da superfície terrestre e oceânica de 1850 até 2023.

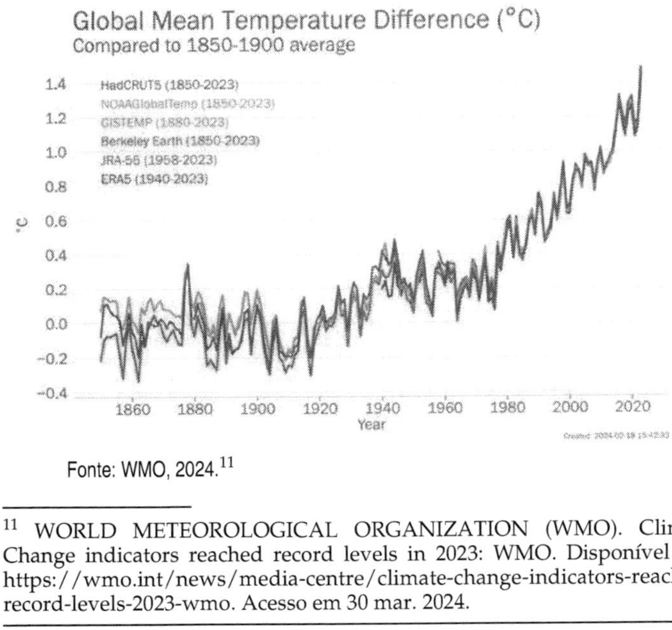


Fonte: WMO, 2024.[11]

[11] WORLD METEOROLOGICAL ORGANIZATION (WMO). Climate Change indicators reached record levels in 2023: WMO. Disponível em: https://wmo.int/news/media-centre/climate-change-indicators-reached-record-levels-2023-wmo. Acesso em 30 mar. 2024.

Ocorre que, o ano de 2024 superou a temperatura média global registrada no ano anterior (2023) e, por consequência, tornou-se o ano mais quente já registrado na história, superando, pela primeira vez, a temperatura média global de 1,5°C acima dos níveis pré-industriais, tida como um limite de segurança para a adaptação humana e ao agravamento dos fenômenos climáticos extremos.

Figura 3 – Histórico da temperatura média global anual da superfície terrestre e oceânica de 1850 até 2024.

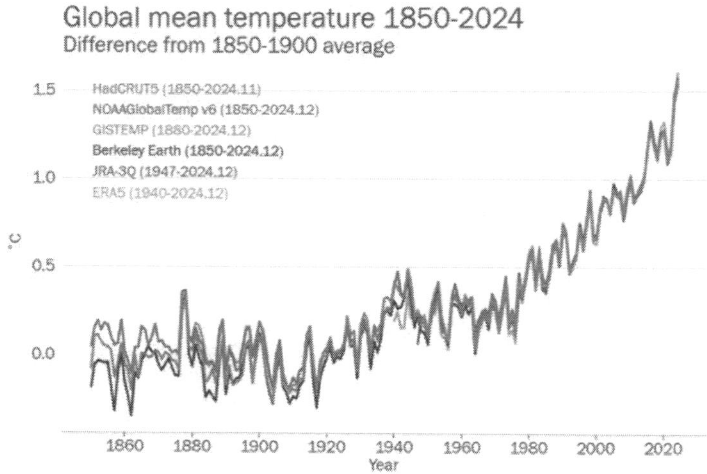


Fonte: WMO, 2025.[12]

A partir de seis bancos de dados internacionais, a Organização Mundial de Meteorologia confirmou 2024 como ano mais quente já registrado. A temperatura média global da superfície foi de 1,55°C acima da média registrada entre 1850 a 1900. Tomando em consideração haver uma margem de incerteza de 0,13°C para mais ou menos, pode ser dito que "provavelmente

[12] WORLD METEOROLOGICAL ORGANIZATION (WMO). WMO confirms 2024 as warmest year on record at about 1.55°C above pre-industrial level. Disponível em: https://wmo.int/news/media-centre/wmo-confirms-2024-warmest-year-record-about-155degc-above-pre-industrial-level. Acesso em: 12/04/2025.

acabamos de vivenciar o primeiro ano civil com um a temperatura média global acima de 1,5°C".[13]

Com a consolidação destas informações científicas acerca do aumento médio global da temperatura e suas consequências para o sistema climático, em especial aquelas compiladas nos recentes Relatórios do IPCC de 2018[14] e 2022,[15] aumentaram as preocupações com a crise climática atual. O Relatório do IPCC de 2018 tinha como objeto central chamar a atenção para a premente necessidade de se manter uma elevação da temperatura média em até 1,5°C, em comparação aos níveis pré-industriais. Em síntese, os dados científicos atuais apontam na direção de que *(i)* os impactos climáticos aumentam muito acima desta temperatura média global, com diversos efeitos em cascata e pontos de não retorno e *(ii)* a capacidade de adaptação humana e dos ecossistemas é muito menor a partir de um cenário climático acima de 1,5°C.[16] Consequentemente, o sentimento de gravidade e urgência para mitigação e adaptação climática passaram a fazer coro em diversas instâncias científicas, políticas e mesmo jurídicas. Este fenômeno também foi identificado em nível de uso da linguagem, com um exponencial aumento na utilização da expressão "emergência climática", tendo sido esta

---

[13] WORLD METEOROLOGICAL ORGANIZATION (WMO). WMO confirms 2024 as warmest year on record at about 1.55°C above pre-industrial level. *Link cit.*

[14] PAINEL INTERGOVERNAMENTAL SOBRE MUDANÇAS CLIMÁTICAS (IPCC). *Aquecimento Global de 1,5°C*. Relatório Especial. Sumário para formuladores de políticas (2018). GT I, GT II, GT III. Tradução: Governo do Brasil. Brasil: MCTIC, jul. 2019. Disponível em: https://www.gov.br/mcti/pt-br/acompanhe-o-mcti/sirene/publicacoes/relatorios-do-ipcc/arquivos/pdf/relatorio-executivo-08-07-web.pdf. Acesso em: 09 jun. 2022.

[15] INTERGOVERNMENTAL PANEL ON CLIMATE CHANGE (IPCC). *Climate Change 2022 – Impacts, Adaptation and Vulnerability*. Summary for Policymakers. Contribution of Working Group II to the Sixth Assessment Report of the Intergovernmental Panel on Climate Change. [S. l.]: IPCC, 2022. Disponível em: https://www.ipcc.ch/report/ar6/wg2/downloads/report/IPCC_AR6_WGII_SummaryForPolicymakers.pdf. Acesso em: 16 jun. 2022.

[16] PAINEL INTERGOVERNAMENTAL SOBRE MUDANÇAS CLIMÁTICAS (IPCC). *Aquecimento Global de 1,5°C*. loc. cit.

considerada "a palavra do ano" em 2019 pela Oxford Languages.[17]

A emergência climática vem sendo definida como "uma situação em que é necessária uma ação imediata para reduzir ou deter a mudança climática e evitar danos graves e permanentes ao meio ambiente".[18] Para o dicionário Cambridge, por seu turno, ela é descrita como "problemas sérios e urgentes que estão sendo causados ou que podem ser causados por mudanças no clima do mundo, em particular o aquecimento do mundo como resultado da atividade humana que aumenta o nível de dióxido de carbono na atmosfera" (Tradução nossa).

Pode-se, de pronto, constatar, sem maiores esforços interpretativos, que o ponto em comum do sentido literal atribuído a esta expressão consiste na gravidade dos riscos climáticos, que vão de graves a irreversíveis, e a consequente necessidade de adoção de medidas urgentes e imediatas para evitá-los ou mitigá-los. Por esta razão, vem sendo defendida, frequentemente, a adoção de passos agressivos para combater as mudanças climáticas, como resposta emergencial. Em virtude da abrangência, complexidade e policentrismo do fenômeno das mudanças climáticas, parece tentador adotar uma postura "*wait and learn*" (espere e aprenda), aguardando para regular agressivamente uma matéria ambiental mais a frente, num futuro possivelmente dotado de maiores informações e capacidade tecnológica para adaptação. Mas como bem alerta há muitos anos Richard Posner, em razão dos efeitos "praticamente irreversíveis" causados pelas emissões de gases do efeito estufa e da sua concentração na atmosfera, estabilizar este processo em alguma data futura pode exigir cortes

---

[17] OXFORD UNIVERSITY. *Oxford Languages:* Word of the year 2019. United Kingdom: Oxford University Press, 2021. Disponível em: https://languages.oup.com/word-of-the-year/2019/. Acesso em: 03 nov. 2021.

[18] OXFORD UNIVERSITY. *Oxford Learner's Dictionaries*. Climate emergency. United Kingdom: Oxford University Press, 2021a. Disponível em: https://www.oxfordlearnersdictionaries.com/us/definition/english/climate-emergency?q=climate+emergency. Acesso em: 15 jul. 2021.

muito mais profundos se comparados a um cenário em que este processo começasse imediatamente.[19] Esta postura, defendida há quase duas décadas, atuaria como a "compra de uma opção para permitir que o aquecimento global seja interrompido ou retardado em algum momento futuro a um custo menor".[20] Em síntese, mesmo por uma análise de custo-benefício, justificam-se medidas urgentes de mitigação às mudanças climáticas, pois quanto mais tempo levamos para conter as emissões, mais onerosas e irreversíveis podem-se tornar as mudanças climáticas. No cenário climático atual, ainda mais evidente esta constatação.

Esta urgência temporal encontra sustentação normativa internacional na Convenção-Quadro das Nações Unidas sobre Mudança do Clima (UNFCCC), que objetiva expressamente alcançar "a estabilização das concentrações de gases de efeito estufa na atmosfera a um nível que impeça a *interferência antrópica perigosa* em relação ao sistema climático"[21] (grifos nossos). Ainda, referido texto[22] prevê que esse nível de estabilidade climática deve ser alcançado dentro de um prazo hábil a fim de permitir que os ecossistemas se adaptem naturalmente às mudanças climáticas, garantindo que a produção de alimentos não seja ameaçada e, finalmente, que o desenvolvimento econômico prossiga de maneira sustentável. Em síntese,

---

[19] POSNER, Richard. *Catastrophe:* risk and response. New York: Oxford University Press, 2004. p. 162.

[20] Idem.

[21] CONVENÇÃO-QUADRO DAS NAÇÕES UNIDAS SOBRE A MUDANÇA DO CLIMA (UNFCCC). *Convenção sobre Mudança do Clima de 1992.* Tradução Governo do Brasil. Brasília, DF: MCTI, [2021]. Disponível em: https://cetesb.sp.gov.br/proclima/wp-content/uploads/sites/36/2014/08/convencaomudancadoclima.pdf. Acesso em: 02 jan. 2019.

[22] No original: "Article 2. *The ultimate objective of this Convention and any related legal instruments that the Conference of the Parties may adopt is to achieve, in accordance with the relevant provisions of the Convention, stabilization of greenhouse gas concentrations in the atmosphere at a level that would prevent dangerous anthropogenic interference with the climate system. Such a level should be achieved within a time-frame sufficient to allow ecosystems to adapt naturally to climate change, to ensure that food production is not threatened and to enable economic development to proceed in a sustainable manner*". (UNFCCC, 1992a).

os efeitos graves e irreversíveis das mudanças climáticas devem ser evitados ou ao menos mitigados a ponto de permitir uma adaptação climática.

Cumpre destacar que o sistema de *governança climática* internacional decorre de uma convergência normativa emanada do Acordo de Paris combinada com os consensos científicos trazidos pelos Relatórios do IPCC.[23] Assim, o IPCC realiza uma função de fornecer as "bases científicas" para uma governança climática,[24] sendo responsável por revelar os critérios e os parâmetros científicos a partir dos quais a interferência antrópica passa a ser considerada *perigosa*, por alterar o sistema climático, desencadeando efeitos em cascata. O Relatório Especial de 2018 do IPCC antecipou os impactos catastróficos caso o aquecimento médio do planeta exceda 1,5°C.[25]

Até o presente momento, as atividades humanas já são responsáveis por causar um aumento de aproximadamente 1,0°C no aquecimento global acima dos níveis pré-industriais, com uma margem de variação entre 0,8°C e 1,2°C. Constata, ainda, ser "provável que o nível de 1,5°C seja atingido entre 2030 e 2052 se continuar a aumentar na taxa atual (alta confiança)".[26] Mais recentemente, o consenso científico demonstrou um aumento nas preocupações, alertando para o fato de haver uma

---

[23] RODRÍGUEZ-GARAVITO, César. Litigating the Climate Emergency: The Global Rise of Human Rights-Base Litigation for Climate Action. *In:* César Rodríguez-Garavito (ed.). *Litigating the Climate Emergency:* How Human Rights, Courts, and Legal Mobilization can Bolster Climate Action. Cambridge University Press, 2022.

[24] GHALEIGH, Navraj Singh. Science and Climate Change Law – The Role of the IPCC in International Decision-Making. In: CARLARNE, Cinnamon P.; GRAY, Kevin R.; TARASOFSKY, Richard G. (Eds). *The Oxford Handbook of International Climate Change Law.* Oxford: Oxford University Press, 2016.

[25] PAINEL INTERGOVERNAMENTAL SOBRE MUDANÇAS CLIMÁTICAS (IPCC). *Aquecimento Global de 1,5°C.* Relatório Especial. Sumário para formuladores de políticas (2018). GT I, GT II, GT III. Tradução: Governo do Brasil. Brasil: MCTIC, jul. 2019. Disponível em: https://www.gov.br/mcti/pt-br/acompanhe-o-mcti/sirene/publicacoes/relatorios-do-ipcc/arquivos/pdf/relatorio-executivo-08-07-web.pdf. Acesso em: 09 jun. 2022.

[26] Idem.

"probabilidade superior a 50% de que o aquecimento global atinja ou exceda 1,5°C no curto prazo, mesmo para o cenário de emissões de gases de efeito estufa muito baixas".[27] O Relatório ainda afirma que:

> O aquecimento adicional, causado, por exemplo, pela manutenção de temperaturas acima de 1,5°C durante certo período neste século, resultará em *impactos irreversíveis* em certos ecossistemas com baixa resiliência, tais como ecossistemas polares, de montanha e costeiros, impactados pelo derretimento de calotas polares e geleiras, ou pela aceleração e elevação do nível do mar.[28]

Há mais de vinte anos o IPCC introduziu conceito de "pontos de não reversão" climáticos (*tipping points*), sendo para a ciência do clima o limite crítico a partir do qual, quando ultrapassado, leva a grandes (*large-scale descontinuities*), e muitas vezes irreversíveis, mudanças no sistema climático. Contudo, naquele momento, os pontos de não reversão climática estimavam-se como sendo prováveis apenas em caso de a temperatura média global exceder 5°C em comparação aos níveis pré-industriais. Contudo, seus relatórios mais recentes (2018 e 2022) sugerem que pontos de não retorno climático já podem ser ultrapassados mesmo entre 1°C e de 2°C de elevação da temperatura.

A superação destes limites desencadeia mudanças abruptas, não lineares e/ou irreversíveis a partir de um ponto específico, trazendo um risco existencial à humanidade e à vida como se tem hoje. O caráter emergencial se mostra das constatações científicas de que mesmo (i) a atual trajetória põe o mundo no caminho de um aumento de temperatura entre 2.1°C e 3.9°C até 2100; (ii) se todas as metas para 2030 constantes nas contribuições nacionalmente determinadas (NDCs) dos

---

[27] INTERGOVERNMENTAL PANEL ON CLIMATE CHANGE (IPCC). *Climate Change 2022 – Impacts, Adaptation and Vulnerability.* Summary for Policymakers. Contribution of Working Group II to the Sixth Assessment Report of the Intergovernmental Panel on Climate Change. [S. l.]: IPCC, 2022. p. 9. Disponível em: https://www.ipcc.ch/report/ar6/wg2/downloads/report/IPCC_AR6_WGII_SummaryForPolicymakers.pdf. Acesso em: 16 jun. 2022.

[28] Idem.

países signatários do Acordo de Paris fossem implementadas, uma elevação de 2.4°C (1.9°C a 3.0°C) seria atingida em 2100; porém, (iii) temperaturas 2°C acima dos níveis pré-industriais não têm sido mantidas pela superfície terrestre desde antes do período Pleistoceno, isto é, mais de 2,6 milhões de anos.[29] A compreensão científica e a aproximação dos pontos de não reversão climáticos têm relação direta com a constatação de que "estamos em uma emergência climática".[30]

Figura 4 – Climate tipping points

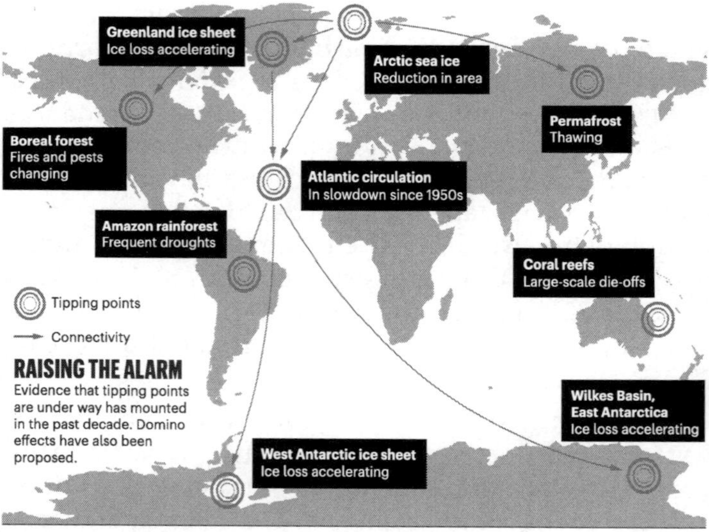


Fonte: LENTON *et al. Climate tipping points – too risky to bet against.* [S. l.]: Nature, nov. 27 2019. Disponível em: https://www.nature.com/articles/d41586-019-03595-0. Acesso em: 20 jul. 2022.

[29] KEMP, Luke; XU, Chi; DEPLEDGE, Joanna; EBI, Kriestie L.; GIBBINS, Goodwin; KOHLER, Timothy A.; ROCKSTRÖM, Johan; SCHEFFER, Marten; SCHELLNHUBER, Hans Joachim; STEFFEN, Will; LENTON, Timothy M. *Climate Endgame*: Exploring catastrophic climate change scenarios. PNAS. Cambridge: MIT, Vol 119, n. 34, ago 1 2022. Disponível em: https://www.pnas.org/doi/10.1073/pnas.2108146119. Acesso em: 05 ago 2022.

[30] LENTON, Timothy M.; ROCKSTRÖM, Johan; GAFFNEY, Owen; RAHMSTORF, Stefan; RICHARDSON, Katherine; STEFFEN, Will; SCHELLNHUBER, Hans Joachim. *Climate tipping points – too risky to bet against*. [S. l.]: Nature, nov. 27 2019. Disponível em: https://www.nature.com/articles/d41586-019-03595-0. Acesso em: 20 jul. 2022.

Descobertas como estas enfatizam a significativa diminuição da capacidade de adaptação humana a um planeta com temperatura média acima de 1,5°C, chamando a atenção para a urgência na redução das emissões de gases de efeito estufa e, por consequência, da probabilidade de teremos que lidar com sérios impactos climáticos, para além daqueles que *já estamos vivenciando*. Acompanhando tais prognósticos dramáticos nos cenários climáticos, mais de 11.000 cientistas de 153 países concluíram ser "claro e inequívoco que a Terra está enfrentando uma emergência climática".[31]

Para se ter uma dimensão do desafio que envolve a contenção do presente cenário aos parâmetros de segurança estabelecidos no sistema de governança climática internacional (UNFCCC/IPCC), uma profunda redução das emissões, em 45% abaixo dos níveis de 2010, seria necessária até 2030, atingindo zero emissões líquidas em 2050, para limitar o aquecimento médio do planeta em 1,5°C.[32]

Em razão da crescente elevação das concentrações de gases de efeito estufa na atmosfera e os consequentes riscos desta *interferência humana perigosa* no sistema climático, o Acordo de Paris[33] previu como objetivo:

> (...) manter o aumento da temperatura média global bem abaixo de 2°C em relação aos níveis pré-industriais, e envidar esforços para limitar esse aumento da temperatura a 1,5°C em relação aos níveis

---

[31] RIPPLE, William J; WOLF, Christopher; NEWSOME, Thomas M; BARNARD, Phoebe; MOOMAW, William R. World Scientists' Warning of a Climate Emergency. *BioScience, Oxford*, Herndon, v. 70, issue 1, p. 8-12, jan. 2020. p. 8-12. Disponível em: https://academic.oup.com/bioscience/article/70/1/8/5610806. Acesso em: 29 jul. 2022.

[32] HARVEY, Fiona. *UN Secretary General urges all countries to declare climate emergencies*. In: The Guardian. London, dec. 12 2020. Disponível em: https://www.theguardian.com/environment/2020/dec/12/un-secretary-general-all-countries-declare-climate-emergencies-antonio-guterres-climate-ambition-summit. Acesso em: 29 jul. 2022.

[33] Vide artigo 2º, 1, (a), do Acordo de Paris de 2015 (UNFCCC, 2015). Disponível em: https://brasil.un.org/sites/default/files/2020-08/Acordo-de-Paris.pdf. Acesso em: 14 out. 2024.

pré-industriais, reconhecendo que isso reduziria significativamente os riscos e os impactos da mudança do clima.[34]

Contudo, conforme visto, cientificamente 2°C pode não ser suficiente para conter os efeitos catastróficos das mudanças climáticas.

## *1.2. A dimensão política da emergência climática*

A emergência climática mostra-se como um movimento transnacional que, num primeiro momento, foi e vem sendo revelado pela ciência climática, num processo de decodificação daquilo que já chamamos de "ecocomplexidade".[35] Diante destas alarmantes informações científicas acerca da crise climática e suas consequências (atuais e futuras, seja em um curto, médio ou longo prazo), diversos movimentos sociais (movimentos de jovens, ambientalistas e indígenas, entre outros) passaram a pressionar governos pela a adoção de ações para combater as mudanças climáticas, influenciando políticas de agendas climáticas.[36] Estes movimentos acabaram impulsionando governos e outras instituições a declarar emergência climática, em uma clara manifestação da dimensão política da emergência climática.[37]

---

[34] CONVENÇÃO-QUADRO DAS NAÇÕES UNIDAS SOBRE A MUDANÇA DO CLIMA (UNFCCC). *Acordo de Paris de 2015*. Tradução Centro de Informação das Nações Unidas para o Brasil (UNIC Rio), última versão 21 abril 2016. Rio de Janeiro: UNIC Rio, 2016. Disponível em: https://brasil.un.org/sites/default/files/2020-08/Acordo-de-Paris.pdf. Acesso em: 02 jan. 2019.

[35] CARVALHO, Délton Winter de. Aspectos Epistemológicos da Ecologização do Direito. *Scientia Iuridica:* Revista de Direito Comparado Português e Brasileiro, Copacabana, tomo LIV, p. 727-751, out./dez. 2010.

[36] Neste sentido, ver: FISHER, Dana R.; NASRIN, Sohana. "Shifting Coalitions within the Youth Climate Movement in the US". *Politics and Governance*. v. 9, issue 2, 2021. p. 112-123; KENIS, Anneleen. "Clashing Tactics, Clashing Generations: The Politics of the School Strikes for Climate in Belgium". *Politics and Governance*. v. 9, issue 2, 2021. p. 135-145; DAVIES, Anna R.; Hügel. "Just Adapt: Engaging Disadvantaged Young People in Planning for Climate Adaptation". *Politics and Governance*. v. 9, issue 2, 2021. p. 100-111.

[37] THOMAS, Amanda; CRETNEY, Raven; HAYWARD, Bronwyn. Student Strike 4 Climate: emergency and citizenship. *New Zealand Geographer*, New Zealand, v. 75, p. 96-100, 2019.

Já declararam emergência climática em nível regional ou nacional a União Europeia, Bangladesh, Canadá, Japão, Maldivas, Nova Zelândia, Coreia do Sul, Vaticano, País de Gales, Reino Unido, Escócia, Andorra, República da Irlanda, Portugal, Argentina, Espanha, França, Malta, Itália, Irlanda do Norte, Singapura, Maurícia, Áustria, Fiji e Peru, entre outras jurisdições.[38] Em nível subnacional, diversas cidades e Estados também já declararam emergência climática em diversos países.[39] Até março de 2025, 2.366 jurisdições e governos locais já declararam emergência climática.[40]

No Brasil, tal fenômeno político transnacional redundou no Projeto de Lei Federal n° 3.961/2020[41] para decretar estado de emergência climática, tendo como meta a neutralização das emissões de gases de efeito estufa no Brasil até 2050 e prevendo a criação de políticas para a transição sustentável. O referido projeto prevê que o regime emergencial vigorará enquanto as ações de mitigação e de adaptação se revelarem urgentes.[42] Estabelece ainda, o referido PL, que durante sua vigência fica vedado o contingenciamento de quaisquer

---

[38] CLIMATE EMERGENCY DECLARATION AND MOBILISATION IN ACTION (CEDAMIA). *Climate Emergency Declaration and Mobilisation In Action.* Australia, 2021. Disponível em: https://www.cedamia.org/. Acesso em: 06 nov. 2021.

[39] Estados Unidos da América, Austrália, Brasil, Chile, Bélgica, Colômbia, República Checa, Finlândia, Alemanha, Hungria, Lituânia, México, Holanda, Filipinas, Polônia, Eslováquia, Ilhas Salomão, Suécia, Suíça, Taiwan e Vanuatu. CLIMATE EMERGENCY DECLARATION AND MOBILISATION IN ACTION (CEDAMIA). *cit.*

[40] CLIMATE EMERGENCY DECLARATION. Climate emergency declarations in 2,366 jurisdictions and local governments cover 1 billion citzens. Disponível em: https://climateemergencydeclaration.org/climate-emergency-declarations-cover-15-million-citizens/#:~:text=2%2C366%20jurisdictions%20in%2040%20countries,live%20in%20the%20United%20Kingdom.

[41] BRASIL. Congresso Nacional. Câmara dos Deputados. *Projeto de Lei nº 3.961, de 2020.* Decreta o estado de emergência climática, estabelece a meta de neutralização das emissões de gases de efeito estufa no Brasil até 2050 e prevê a criação de políticas para a transição sustentável. Autoria: Alessandro Molon, Talíria Petrone. Brasília, DF: Câmara dos Deputados, [2020]. Disponível em: https://www.camara.leg.br/proposicoesWeb/fichadetramitacao?idProposicao=2258739. Acesso em: 14 nov. 2021.

[42] Art. 2º, parágrafo único.

fundos ou recursos destinados à proteção ambiental, ao combate ao desmatamento e à mitigação e adaptação climática.[43] Gize-se que a principal fonte de emissões no Brasil ainda decorre da mudança de uso do solo, havendo, para tanto, grande contribuição do desmatamento na Amazônia. Para tanto, as ações de resposta à emergência climática deverão ter como princípios a equidade, a autodeterminação e o da proteção dos direitos fundamentais, atribuindo-se destaque para as populações mais vulneráveis às mudanças climáticas.[44] [45]

Ainda, o projeto prevê a obrigatoriedade de o Executivo Federal confeccionar um Plano de Ação para tal fim, o chamado Plano Nacional de Resposta à Emergência Climática.[46] Além deste Projeto de Lei federal, três cidades brasileiras já declararam o reconhecimento de emergência climática, sendo elas Rio de Janeiro (RJ),[47]

[43] Art. 3°, § 3°.

[44] Art. 3°, § 2°.

[45] Ainda em nível federal, o governo já manifestou a pretensão de instituir uma autoridade climática, por meio de medida provisória, naquilo quem vem sendo chamado Estatuto Jurídico da Emergência Climática. Este Estatuto, que deve ser enviado ao Congresso Nacional num futuro próximo, pretende não apenas criar uma autoridade climática, mas também um comitê técnico-científico e um Plano Nacional de Enfrentamento de Eventos Climáticos Extremos. (DALE, Isaías. "Marina explica que autoridade climática também depende de projeto do congresso". *Agência Gov*, 17/09/24. Disponível em: https://agenciagov.ebc.com.br/noticias/202409/marina-explica-que-autoridade-climatica-tambem-depende-de-projeto-do-congresso. Acesso em 04/10/2024; RODRIGUES, Mateus. "Autoridade Climática: o que é, para que serve e por que ainda não foi criada". *Portal G1*, 17/09/2024. Disponível em: https://g1.globo.com/politica/noticia/2024/09/17/autoridade-climatica-o-que-e-para-que-serve-e-por-que-ainda-nao-foi-criada.ghtml. Acesso em 04/10/2024). Referida proposta, contudo, vem gerando debates internos no Governo Federal, indicando potencial conflito de competências e atribuições, por exemplo, entre esta autoridade e a Defesa Civil no tratamento dos eventos climáticos extremos. (ALTINO, Lucas. "Marina Silva defende Autoridade Climática sob gestão do Ministério do Meio Ambiente sem "pirotecnia para poder lacrar". *O Globo*, 02/10/2024. Disponível em: https://oglobo.globo.com/brasil/noticia/2024/10/02/marina-silva-defende-autoridade-climatica-sob-gestao-do-ministerio-do-meio-ambiente-sem-pirotecnia-para-poder-lacrar.ghtml. Acesso em: 04 out. 2024.

[46] Art. 4°.

[47] RIO DE JANEIRO. *Lei n° 7.315, de 26 de abril de 2022*. Dispõe sobre o reconhecimento do Estado de Emergência Climática e estabelece a meta de neutralização das emissões de gases de efeito estufa no Rio de Janeiro até 2050.

Recife (PE)[48] e São Sepé (RS).[49] Todas estas declarações detêm um forte conteúdo político, em resposta às informações científicas acerca de agravamento das mudanças climáticas e às necessidades de medidas urgentes de mitigação e adaptação climáticas.

Atualmente, em decorrência tanto das informações científicas como das declarações de emergência, o Direito passa a ser exposto a este fenômeno, despertando grande atenção, especialmente da teoria jurídica e constitucional. Apesar do forte conteúdo político da resposta às informações científicas, as declarações de emergência climática estão longe de se tratarem de meras cartas de intenção política. Como bem adverte Daniel Farber, destas emanam *poderes de emergência,*[50] devendo, no entanto, haver um escrutínio atento e restritivo a fim de evitar desvirtuamentos e abusos. De outro lado, tais declarações também parecem estar longe de assumirem a forma de estados de emergência clássicos de nosso sistema jurídico. Nas palavras de Jocelyn Stacey, elas ficam em "um espaço legalmente ambíguo entre medidas de emergência e retórica política".[51]

---

Rio de Janeiro, RJ: Câmara Municipal, 2022. Disponível em: https://leismunicipais.com.br/a/pe/r/recife/decreto/2019/3308/33080/decreto-n-33080-2019-declara-o-reconhecimento-a-emergencia-climatica-global. Acesso em: 14 nov. 2021.

[48] RECIFE. *Decreto nº 33.080, de 08 de novembro de 2019*. Declara o reconhecimento à emergência climática global. Recife, PE: Câmara Municipal, 2019. Disponível em: https://leismunicipais.com.br/a/pe/r/recife/decreto/2019/3308/33080/decreto-n-33080-2019-declara-o-reconhecimento-a-emergencia-climatica-global. Acesso em: 14 nov. 2021.

[49] SÃO SEPÉ. *Decreto nº 4.215, de 5 de junho de 2021.* Declara o reconhecimento à emergência climática global. São Sepé, RS: Câmara Municipal, 2021. Disponível em: http://www.saosepe.rs.gov.br/wp-content/uploads/2021/06/Decreto_n_4_215_de_5_6_2021.pdf. Acesso em: 14 nov. 2021.

[50] FARBER, Daniel. Exceptional Circumstances: Immigration, Imports, the Coronavírus, and Climate Change as Emergencies. *Hastings Law Journal, San Francisco*, v. 71, issue 5, 2020. p. 71.

[51] STACEY, Jocelyn. The Public Law Paradoxes of Climate Emergency Declarations. *Forthcoming Transnational Environmental Law,* Cambridge, p. 1-29, mar. 15 2022. Disponível em: https://ssrn.com/abstract=4058442. Acesso em: 01 ago. 2022.

Em texto já clássico, Elisabeth Fisher, Eloise Scotford e Emily Barritt chamam atenção para o caráter disruptivo que as mudanças climáticas exercem sobre o Direito. Para as autoras,[52] a natureza juridicamente disruptiva das mudanças climáticas se dá (i) pela formação de novos regimes jurídicos, assim como (ii) pelo enfrentamento jurisdicional de casos que tenham objeto climático (litígios climáticos). Nestes casos, as cortes precisam decidir se a questão climática posta encontra juridicidade, sendo ou não matéria a ser decidida pelo Direito. Além disso, muitas outras vezes as cortes precisam avaliar questões em que o Direito existente não adere facilmente aos conflitos postos. E, finalmente, existem desafios em casos de disputas que dizem respeito à natureza e à operação do regime jurídico climático.[53] As declarações de emergência climática parecem estar enquadradas em um *novo regime*, com interfaces evidentes com a tradição das modalidades mais convencionais e consolidadas de estados de emergência em nosso sistema.

## *1.3. A dimensão jurídica da emergência climática*

### 1.3.1. Estado de direito em modo operacional de anormalidade

Antes de qualquer aprofundamento acerca do conteúdo jurídico específico das declarações de emergência climática, importante lançar um olhar sobre as diversas espécies de estados de exceção existentes em nosso sistema jurídico. As emergências ganham destaque na teoria do direito, no direito constitucional e no direito dos desastres, apresentando como elementos

---

52 FISHER, Elizabeth; SCOTFORD, Eloise; BARRITT, Emily. The Legally Disruptive Nature of Climate Change. *Modern Law Review*, New Jersey, v. 80, issue 2, p. 173-201, mar. 3 2017. p. 4.

53 Idem.

comuns de análise questões acerca da sua determinação conceitual, da temporalidade e da excepcionalidade (quem responde e como).[54]

Tradicionalmente, o sistema brasileiro apresenta seis espécies de estados de exceção ou, como preferimos, *Estado de Direito em modo operacional de anormalidade*, sendo que quatro deles se tratam de manifestação daquilo que se denomina "emergência constitucional".[55] São eles: o (i) Estado de Defesa, (ii) o Estado de Sítio, (iii) a Intervenção Federal e (iv) a decretação de Calamidade Pública instituída recentemente na Emenda Constitucional n° 109/21. De outro lado, têm-se a (v) situação de emergência e o (vi) estado de calamidade pública, em nível de previsão infraconstitucional.

O Estado de Sítio (art. 137, da CF) consiste em um estado emergencial em que o Presidente da República, ouvido o Conselho da República e o Conselho de Defesa Nacional, pode solicitar ao Congresso Nacional autorização para sua decretação, em casos de (I) comoção grave de repercussão nacional ou ocorrência de fatos que comprovem a ineficácia de medida tomada durante o estado de defesa; (II) declaração de estado de guerra ou resposta a agressão armada. Este terá por duração máxima trinta dias, prorrogáveis pelo mesmo período, para os casos descritos no inciso I. Já no caso do inciso II, poderá ser decretado por todo o tempo que perdurar a guerra ou a agressão armada estrangeira (art. 138, § 1°, CF).

Já o Estado de Defesa (art. 136, da CF) tem por objeto a preservação e o restabelecimento, em locais restritos e determinados, a ordem pública e a paz social

---

[54] STACEY, Jocelyn. The Public Law Paradoxes of Climate Emergency Declarations. *Forthcoming Transnational Environmental Law*, Cambridge, p. 1-29, mar. 15 2022. p. 6-7. Disponível em: https://ssrn.com/abstract=4058442. Acesso em: 01 ago. 2022.

[55] Para Oscar Dias Corrêa, "a *emergência constitucional* caracteriza-se por uma situação excepcional, provocada pela necessidade de defesa do regime, ante ataque inusitado, requerendo se concedam ao Chefe do Governo ou do Estado, poderes também excepcionais para vencê-la". (Corrêa, 1980, p. 23).

ameaçadas por grave e iminente instabilidade institucional ou atingidas por calamidades de grandes proporções na natureza. Sua decretação cabe ao Presidente da República, ouvidos o Conselho da República e o Conselho de Defesa Nacional. O seu tempo de duração não será superior a 30 dias, podendo ser prorrogado uma vez por igual período, caso persistam as razões que justificaram a sua decretação. Esta modalidade, por evidente, se presta a casos menos graves do que aqueles sujeitos ao de sítio, deve ter prazo determinado e não pode abranger todo o território nacional (locais restritos e determinados), devendo o decreto precisar as áreas que serão atingidas por este regime emergencial de crise.

No caso da Intervenção Federal, esta se dá quando há a intervenção justificada da União nos Estados, no Distrito Federal, ou nos Municípios, ou dos Estados nos seus Municípios. Esta deve ter, assim como os demais estados emergenciais constitucionais, caráter excepcional. Os motivos justificadores para tal intervenção de um ente federativo sobre outro estão previstos nos arts. 34 e 35 da CF.

Digno de destaque o fato de que, no caso da Pandemia de COVID-19, houve a declaração de Emergência em Saúde Pública de Importância Nacional por meio da Portaria n° 188/2020 do Ministério da Saúde, embasada nos termos do Decreto Federal n° 7.616/2011. Na sequência, foi promulgada a Lei Federal n° 13.979/2020 com o escopo de dispor sobre as medidas restritivas para enfrentamento desta emergência. A vigência desta emergência durou por prazo indeterminado, até seu encerramento realizado pela Portaria n° 113/2022, também do Ministério da Saúde.

Recentemente, em virtude da Pandemia COVID-19, foi promulgada a Emenda Constitucional 109 de 2021, cujo conteúdo previu a possibilidade da decretação de Estado de Calamidade Pública de âmbito nacional, previsto nos arts. 167-B, 167-C, 167-D, 167-E, 167-F e 167-G, todos da CF. Compete, para tanto, privativamente ao Presidente da República propor ao Congresso Federal a decretação de Estado de Calamidade Pública de âmbito nacional (art. 84, inciso XXVIII, CF) e a este último, a decretação do referido estado emergencial (art. 49, XVIII, da CF). Esta nova categoria do sistema constitucional de crises tem por principal efeito a inauguração de um "regime extraordinário fiscal, financeiro e de contratações" (167-B da CF), sendo que sua delimitação apresenta uma função de caráter mais financeiro e orçamentário, em casos de desestabilização institucional orçamentária em virtude de crises de âmbito nacional, do que de resposta emergencial propriamente dita.

É de determinação constitucional geral que a União planeje e promova a defesa permanente contra calamidades públicas, especialmente as secas e as inundações, nos termos do art. 21, em seu inciso XVIII. Nesta esteira, a legislação infraconstitucional estabelece que, em casos de desastres[56] (entre eles os eventos climáticos extremos ou desastres climáticos), Estados, Distrito Federal e Municípios atingidos têm o poder de decretarem Estado de Calamidade Pública[57] ou Situação de Emergência.[58]

Estes regimes jurídicos têm por objeto a adoção de medidas emergenciais para o restabelecimento da *estabilidade social* perdida com o evento extremo, com

---

[56] CARVALHO, Délton Winter de. *Desastres ambientais e sua regulação jurídica*: deveres de prevenção, resposta e compensação ambiental. 2ª ed. Revista dos Tribunais: São Paulo, 2020.

[57] Nos termos do Decreto Federal n° 10.593/2020, art. 2°, VIII, o estado de calamidade pública consiste na "situação anormal provocada por desastre que causa danos e prejuízos que impliquem o comprometimento substancial da capacidade de resposta do Poder Público do ente federativo atingido ou que demande a adoção de medidas administrativas excepcionais para resposta e recuperação".

[58] Situação de Emergência é a "situação anormal provocada por desastre que causa danos e prejuízos que impliquem o comprometimento parcial da capacidade de resposta do Poder Público do ente federativo atingido ou que demande a adoção de medidas administrativas excepcionais para resposta e recuperação" (art. 2°, XIV).

vistas à obtenção de uma *nova normalidade.*[59] Para tanto, estes são regidos pelos princípios da necessidade e da temporariedade, levando aos seus traços essenciais, a excepcionalidade e a urgência.[60] Tais declarações de estados emergenciais devem delimitar o alcance (medidas fora da normalidade), limites (duração no tempo, para que a exceção não se torne regra) e garantia (vencido o ciclo de atuação, deve haver o retorno à normalidade e durante a sua vigência os poderes excepcionais devem se manter dentro das normas prefixadas).[61] Estes regimes, ainda, levam a uma legalidade extraordinária e jamais a um Estado de Não Direito, por isso, um estado de direito em modo operacional de anormalidade deve ser conduzido cuidadosamente segundo as regras do Estado de Direito pelo Executivo, e submetido ao controle político (pelos respectivos legislativos) e jurídico (na análise da legalidade, pelos tribunais).

Um regime de emergência climática depende de uma lei federal geral, com orientações gerais e a possibilidade de decretos específicos federais, estaduais e, principalmente, municipais. Estes não se confundem com os decretos de situação de emergência ou de calamidade pública. A título de exemplo, uma declaração emergencial que se aproximaria de um formato adequado para a emergência climática em nosso regime jurídico, seria algo similar à declaração de *Emergências em Saúde Pública de Importância Nacional – ESPIN (Lei. 7.616/2011)*, quer pelo conteúdo, quer pela vigência indeterminada, como se enfrentará a seguir.

---

[59] CARVALHO, Délton Winter de. *Desastres ambientais e sua regulação jurídica*: deveres de prevenção, resposta e compensação ambiental. 2. ed. Revista dos Tribunais: São Paulo, 2020.

[60] CORRÊA, Oscar Dias. *A Defesa do Estado de Direito e a Emergência Constitucional.* Rio de Janeiro: Presença, 1980. p. 31.

[61] Idem, p. 31-32.

### 1.3.2. As declarações de emergência climática

#### *1.3.2.1. Forma*

As declarações de emergência climática tendem a apresentar um caráter disruptivo, não se moldando perfeitamente às formas tradicionais de estados de emergência acima analisados. Estas peculiaridades que tornam o Estado de Emergência Climática um modelo *sui generis* de estado de exceção diz respeito ao seu sentido conceitual, seu limite temporal e suas características excepcionais. Em outras tintas, trata-se de "uma nova forma de emergência declarada",[62] não se identificando com emergências convencionais.[63]

Sobre o aspecto temporal das Declarações de Emergência Climática, importante referir que esta contrasta com a maioria das emergências, uma vez que a mudança climática pode ser considerada como um desastre em câmera lenta, com um caráter altamente, mas não apenas, prospectivo.[64] Portanto, os meios para enfrentar e resolver esta crise devem priorizar as medidas preventivas ou antecipatórias, em detrimento das reativas ou defensivas.

Tanto o Estado de Sítio quanto o de Defesa apresentam limites temporais para sua vigência, à exceção dos casos de guerra no primeiro. Desta forma, o Estado de Defesa prevê a possibilidade de ser acionado em casos em que a ordem pública e a paz social estejam sob ameaça por grave e iminente instabilidade institucional ou atingidas por calamidades de grandes proporções na natureza. Digno de destaque a possibilidade da

---

[62] LINDSAY, Bruce. Climate of Exception: What Might a 'Climate Emergency' Mean in Law?. *Federal Law Review*, [S. l.], v. 38, p. 1-27, jun. 2010.

[63] STACEY, Jocelyn. The Public Law Paradoxes of Climate Emergency Declarations. *Forthcoming Transnational Environmental Law*, Cambridge, p. 1-29, mar. 15 2022. p. 13. Disponível em: https://ssrn.com/abstract=4058442. Acesso em: 01 ago. 2022.

[64] LINDSAY, Bruce. Climate of Exception: What Might a 'Climate Emergency' Mean in Law?. *Federal Law Review*, [S. l.], v. 38, p. 1-27, jun. 2010.

sua decretação em virtude da ocorrência de calamidades climáticas, porém, dificilmente sua aplicação teria lugar *em antecipação* à ocorrência de eventos extremos capazes de provocar calamidades de grandes proporções, como pretendem as Declarações de Emergência Climática que proliferam atualmente.

O Estado de Calamidade Pública de âmbito nacional, oriundo da EC 109, apresenta uma face mais voltada para lidar com desequilíbrios orçamentários em nível federal em razão de eventos de grandes proporções, não apresentando aderência às necessárias orientações genéricas e aos compromissos assumidos constantemente nas Declarações de Emergência Climática existentes no mundo. Uma declaração de emergência climática aproxima-se (mas não se identifica integralmente) da forma jurídica das *Emergências em Saúde Pública de Importância Nacional – ESPIN (Lei. 7.616/2011)*, quer pelo conteúdo, quer pela vigência indeterminada.

A principal similitude é que este Decreto Federal prevê antecipadamente a possibilidade de decretação de Emergência em Saúde Pública de Importância Nacional, por meio de critérios e objetos bem definidos. Esta espécie de declaração ocorrerá em situações que demandem o emprego urgente de medidas de prevenção, controle e contenção de riscos, danos e agravos à saúde pública no território nacional (art. 2º). A ESPIN será declarada em virtude de ocorrências epidemiológicas, de desastres ou desassistência à população (art. 3º). Parece-nos que, por esta similitude, formalmente, qualquer declaração emergencial em nível climático deve-se dar por ato normativo, *preferencialmente parlamentar, podendo, contudo, também o ser por Decreto. Assim, ter-se-ia um quadro legal flexível para delimitação geral de poderes emergenciais que vão sendo ativados gradualmente em virtude das circunstancias climáticas específicas (mitigação, adaptação, riscos e perdas e danos climáticos).*

Da mesma forma, uma análise generalizada desta nova modalidade de declaração emergencial demonstra que as emergências climáticas são mais antecipatórias, globais e abrangentes se comparadas aos estados de calamidade e às situações de emergência que podem ser decretados por Estados, DF e Municípios.

Enquanto estas categorias decorrem de uma decretação em decorrência de desastres (climáticos, tais como inundações, deslizamentos de massa, ondas de calor, incêndios, ondas de calor, secas, entre outros), o objeto das declarações de emergência climática, via de regra, consiste em evitar a mudança climática catastrófica, por meio de compromissos de, por exemplo, *(i)* neutralidade climática (como é o caso da PL Brasileira n° 3961/2020), *(ii)* reconhecimento da responsabilidade institucional para redução da pegada de carbono, propondo a adoção das suas próprias medidas de redução das emissões (políticas publicas, de mitigação climática, como ocorre na Declaração de Emergência Climática do Parlamento Europeu),[65] *(iii)* evitar o aumento da temperatura média global acima de 1,5°C comparado aos níveis pré-industriais (conforme a declaração da Nova Zelândia),[66] *(iv)* reconhecimento do impacto devastador que os eventos climáticos extremos têm na produção de alimentos, as inundações, a disponibilidade de água, a saúde, os danos por incêndios florestais, as secas, entre outros (como é caso da declaração da Argentina).[67] Na Grã-Bretanha, a declaração prolatada pela Casa dos Comuns foi postulada fazendo coro a vários outros textos declaratórios ao redor do mundo ao referir o Relatório do IPCC de 2018 e enaltecer a neces-

[65] EUROPEAN UNION (EU). *European Parliament. Resolution of 28 de november de 2019 on Climate and Environment Emergency*. European Union: European Parliament, 2019. Disponível em: https://www.europarl.europa.eu/doceo/document/TA-9-2019-0078_EN.html. Acesso em: 25 jul. 2020.

[66] NEW ZEALAND. *Order Paper Final n° 4*. New Zealand: New Zealand House Of Representatives, 02/12/2020. Disponível em: https://www.parliament.nz/resource/en-NZ/OrderPaper_20201202/12af3d67e35a1a7b17a7ff8370e2044608adfd07 Acesso: 20 jul. 2022.

[67] ARGENTINA. Senado. *Número de Expediente 1745/19*. Buenos Aires: Senado, 2019. Disponível em: https://www.senado.gob.ar/parlamentario/comisiones/verExp/1745.19/S/CO. Acesso em: 25 jul. 2022.

sidade de evitar um aumento da temperatura acima de 1,5°C comparado aos níveis pré-industriais.[68] Ainda, o requerimento foi realizado em termos de uma "moção não vinculante" (*non-biding motion*).

O caráter vinculante assim como a modalidade de estado de exceção a ser utilizada em casos de declaração de emergência climática mostram-se ainda uma matéria tormentosa. Porém, claro já está que a resposta para tais questionamentos dependerá inarredavelmente da especificidade e clareza textual da própria declaração, sendo indesejável a previsão de metas muito abrangentes desacompanhadas de ações predefinidas, podendo, para tanto, serem utilizados planos executivos ou programas estratégicos. Portanto, o efeito legal dependerá muito de como a declaração será redigida e estruturada, devendo prever consequências concretas. Por tal razão, uma declaração de emergência climática que pretenda ter um robusto respaldo jurídico deveria presumir medidas legislativas, devidamente acompanhadas de ações executivas.[69]

Diversos municípios no mundo vêm declarando emergência climática, em que algumas declarações mostram-se mais genéricas e abrangentes, enquanto outras preveem a confecção de planos de emergência climática, aproximando-as dos decretos de emergência ou calamidade pública, previstos na legislação infraconstitucional brasileira (para resposta a desastres).

Pesquisa realizada com autoridades locais na Grã-Bretanha demonstrou haver uma grande adesão à estratégia de declarar emergência climática. Contudo, observou-se que de 376 autoridades locais analisadas, 79% fizeram a declaração ampla de que a humanidade

---

[68] CLIMATE EMERGENCY DECLARATION. *United Kingdom*: Bipartisan UK Parliament declares a climate emergency. [S. l.]: mai 2 2019a. Disponível em: https://climateemergencydeclaration.org/united-kingdom-bipartisan-uk-parliament-declares-a-climate-emergency/. Acesso em: 25 jul. 2022.

[69] Sobre o contexto australiano, recomenda-se LINDSAY, Bruce. Climate of Exception: What Might a "Climate Emergency" Mean in Law? *Federal Law Review*, [S. *l.*], v. 38, p. 1-27, jun. 2010.

esta enfrentando uma emergência climática, sendo urgentes ações para enfrentar as mudanças climáticas e seus efeitos.[70] A mesma publicação concluiu pela existência de grande hiato entre as declarações analisadas e as ações concretas imediatas de enfrentamento das Mudanças Climáticas. Concluiu que, na maioria dos casos, "a ação não condiz com a retórica", referindo a necessidade de que estas declarações sejam efetivamente levadas em consideração no processo decisório pelas autoridades locais sob pena de serem consideradas "declarações políticas sem valor".[71]

#### *1.3.2.2. Conteúdo*

A emergência climática tem duas aplicações abrangentes. De um lado, estas atuam como uma "declaração de problema", o que significa a descrição de "um estado de crise ou ameaça crescente e/ou futura"[72] (Tradução nossa). De outro lado, elas também se apresentam como uma "declaração de soluções". Portanto, estas significam:

> (...) uma resposta particular da sociedade à crise ou ameaça, que em termos gerais pode ser caracterizada como semelhante à resposta dos governos a eventos como desastres naturais extremos e a ameaças avassaladoras a uma sociedade, como guerra e o estabelecimento de uma mobilização e economia em tempo de guerra.[73] (tradução nossa)

---

[70] ENVIRONMENTAL LAW FOUNDATION. *Local urgency on the Climate Emergency?*: A review of local authority Climate Declarations and supporting action across the UK. United Kingdom: Environmental Law Foundation, oct. 2021. Disponível em: https://elflaw.org/wp-content/uploads/2021/10/ELF-Local-urgency-on-the-Climate-Emergency-October-2021.pdf. Acesso em: 26 jul. 2021.

[71] Idem.

[72] No original: *"As a problem statement, signifying a state of growing and/or future crisis or threat"*. DUNLOP, Ian; SPRATT, David. *The Club of Rome Climate Emergency Plan*: What does "climate emergency" mean?. Briefing note. [S. l.]: The Club of Rome, 21 nov. 2018. p. 1. Disponível em: https://www.cedamia.org/wp-content/uploads/2019/03/What-does-_climate-emergency_-mean.pdf. Acesso em: 07 nov. 2021.

[73] DUNLOP, Ian; SPRATT, David. *The Club of Rome Climate Emergency Plan*. cit.

Mesmo quanto muito amplas e vagas, as declarações ainda apresentam uma relevância jurídica inegável, consistente em configurar um "modo social específico", capaz de especificar orientações ao modo de resposta a esta emergência. Este "modo de emergência" indica que o governo trata aquele problema como muito sério e que, por isso, às medidas para solução deste devem ser dada prioridade. Ainda, para sua maior eficiência e normatividade, as características que um modo operacional de emergência deve ter, são: *(i)* clareza do propósito, *(ii)* gestão de risco (prevenção e precaução), *(iii)* comunicação franca e completa, *(iv)* mais alta prioridade, *(v)* liderança governamental (para planejar, coordenar e alocar recursos), *(vi)* foco na transformação da economia física, e *(vii)* equidade (justiça climática)".[74] Exatamente em virtude de seu caráter excepcional, as emergências devem prever seu alcance, seus limites e as garantias[75] de retorno a uma (nova) normalidade quando, e se, encerradas as justificativas para a declaração.

Quanto mais específicas as declarações e devidamente acompanhadas de planos e medidas concretas, tanto mais sólida juridicamente. Destas declarações podem emanar efeitos jurídicos, tais como expectativas normativas legítimas, deveres de motivação acerca de decisões tomadas sob um Estado de Emergência Climática e seu necessário alinhamento à Declaração,[76] a título exemplificativo. Importante mencionar que a declaração emergencial sempre acarreta na atribuição de um maior poder ao Executivo, atuando este como ente centralizador das decisões em nível de poderes emer-

[74] DUNLOP, Ian; SPRATT, David. *The Club of Rome Climate Emergency Plan*. cit.

[75] CORRÊA, Oscar Dias. *A Defesa do Estado de Direito e a Emergência Constitucional*. Rio de Janeiro: Presença, 1980.

[76] HONEY, Richard; O'REILLY, Mark O'Brian. *The Potential Legal Effect of Declarations of Climate Emergency*. London: FTB Environmental Law Blog, 2022. Disponível em: https://www.ftbchambers.co.uk/blogs/potential-legal-effect-declarations-climate-emergency. Acesso em: 28 jul. 2022.

genciais. Contudo, estes poderes emergenciais devem ser exercidos sempre sob o controle político pelo Legislativo e de legalidade pelo Judiciário. Por isso mesmo é que poderes emergenciais devem ter como condição (i) a existência de elementos seguros da ocorrência da emergência; (ii) cuidados redobrados para que não sejam excedidos os limites da defesa do regime e das instituições, nem quanto à natureza das medidas, nem quanto à extensão do espaço e duração (necessárias e suficientes); (iii) haver controle político, ainda que *a posteriori*; (iv) estar sujeito ao controle jurisdicional, a fim de reparar desvios e abusos.[77]

Daniel Farber chama atenção para alguns poderes emergenciais decorrentes de uma possível declaração de emergência climática no contexto norte-americano, constatando que uma declaração desse tipo inevitavelmente ativa de poderes emergenciais preexistentes em diversas legislações ou atos normativos internos. Para tanto, este pondera que, neste caso, haveria a possibilidade de uso de poderes emergenciais no setor energético.[78]

Cumpre considerar que se justifica a preocupação, no caso americano, com o setor energético, pois as emissões de gases de efeito estufa naquele país estão fortemente vinculadas àquele setor, diferentemente do que ocorre no Brasil, onde a maior fonte de contribuição está ligada diretamente à mudança de uso do solo e ao desmatamento florestal. Assim, não é difícil dizer que uma declaração emergencial desta espécie em nosso país redundaria em possibilidade de usar poderes emergenciais para a constituição de força-tarefa (órgãos ambientais, forças policiais e militares, combinado com o monitoramento científico feito pelo INPE, etc.) para

[77] CORRÊA, Oscar Dias. *A Defesa do Estado de Direito e a Emergência Constitucional*. Rio de Janeiro: Presença, 1980, p. 28.

[78] FARBER, Daniel. Exceptional Circumstances: Immigration, Imports, the Coronavírus, and Climate Change as Emergencies. *Hastings Law Journal, San Francisco*, v. 71, issue 5, 2020. p. 1.170.

o combater o desmatamento na Amazônia Legal a partir das orientações já existentes no Plano de Ação para Prevenção e Controle do Desmatamento na Amazônia Legal – PPCDAm –, por exemplo.

O desincentivo planejado de determinadas atividades, com atenção a uma necessária migração de empregos e cadeias de suprimentos, sempre atentando para as vulnerabilidades envolvidas, também seria um efeito imediato evidente de uma declaração desta natureza. Uma das principais, senão a principal função do Direito das Mudanças Climáticas é exatamente orientar e promover uma transição justa, a partir do Estado de Direito. Este desincentivo poderia se dar por uma maior rigidez na concessão de crédito,[79] induzindo comportamentos de transição destas atividades para uma economia de baixo carbono.

Outras medidas, já inclusive previstas no PL n° 3.961/2020, seriam a confecção de um Plano Executivo Nacional e a proibição de contingenciamento orçamentário das áreas ambiental, combate ao desmatamento e de mitigação climática durante a vigência da declaração.

De outro lado, devem ganhar destaque, para orientar a interpretação dos conflitos inerentes às situações de emergência climática postas ao Judiciário, aqueles Princípios de Direito previstos na UNFCCC (Convenção-Quadro das Nações Unidas sobre as Mudanças Climáticas), quais sejam, Precaução, Equidade Intergeracional e Equidade entre países desenvolvidos e em

[79] A título exemplificativo, veja-se a Resolução n° 4.943, de 15 de setembro de 2021, do CMN do Bacen, que entrou em vigor em 1° de julho de 2022, alterando a Resolução n° 4.557/2017 a fim de incluir expressamente os riscos social, ambiental e climático na estrutura de gerenciamento de riscos, de gerenciamento de capital e na política de divulgação de informações pelas instituições financeiras no país. Ainda, na mesma direção, faz-se a Resolução 59 da CVM, que altera as Instruções n^os^ 480 e 481, com o objetivo também de alinhar a regulação brasileira aos avanços internacionais (ESG), especialmente no que respeita a divulgação de informações de caráter ambiental, social e de governança, entre outros.

desenvolvimento.[80] O caráter orientador e a relevância destes princípios em um regime de excepcionalidade climática formalmente declarada é ainda mais evidente quando se está diante de um sistema jurídico que já os aplica consolidadamente e lhes atribui legitimidade constitucional, como é o caso brasileiro.[81] Cumpre chamar atenção, ainda, que recentemente o Supremo considerou o próprio combate às mudanças climáticas como um dever constitucional, de índole supralegal e legal na ADPF 708/2022.[82]

Parece-nos, portanto, que em um regime emergencial climático deverá haver grande destaque aos riscos climáticos, sejam eles quantificáveis (prevenção) ou não quantificáveis (precaução).[83] No julgamento da ADPF 708,[84] no STF, de relatoria do Min. Roberto Barroso, o Min. Edson Fachin, em voto-vogal,[85] não apenas fez referência expressa à Emergência Climática (especialmente em sua dimensão científica), como chamou a atenção para a importância dos critérios técnicos e científicos para o embasamento e consequente responsabilidade dos gestores públicos num cenário emergencial climático. Para tanto, citou precedente da própria Corte Suprema, também de lavra do Min. Roberto Barroso,

---

[80] LINDSAY, Bruce. Climate of Exception: What Might a 'Climate Emergency' Mean in Law?. *Federal Law Review*, [S. l.], v. 38, p. 1-27, jun. 2010.

[81] Apenas a título exemplificativo da adoção dos Princípios da Precaução e da Equidade Intergeracional pelo STF, como Princípios Constitucionais, veja-se o RExt n° 627.189/2016 e a ADPF n°101/2009, respectivamente.

[82] BRASIL. Supremo Tribunal Federal (STF). *Arguição de Descumprimento de Preceito Fundamental 708*. Plenário. Relator: Ministro Roberto Barroso. Julgamento 01/07/2022. Ata n° 22, de 04/07/2022. Publicação DJE 136, em 08 jul. 2022.

[83] Acerca deste tema e dos graus de incerteza dos riscos ambientais, recomenda-se CARVALHO, Délton Winter de. *Gestão Jurídica dos Riscos Ambientais*: da Prevenção à Precaução. Gestão Jurídica Ambiental. 2. ed. São Paulo: Thomson Reuters, 2020.

[84] BRASIL. Supremo Tribunal Federal (STF). *Arguição de Descumprimento de Preceito Fundamental 708*, cit.

[85] Idem.

na ADI 6.421[86] que, apesar de ter sido decidido para um contexto de emergência sanitária, chama a atenção às informações científicas vigentes e seu manejo pelos princípios da Prevenção e Precaução, sobretudo em cenários de emergências.

A existência de cenários catastróficos plausíveis, como é o caso das mudanças climáticas, justifica uma postura precaucional e vigilante. Se levarmos em consideração as potenciais irreversibilidades envolvidas nos riscos catastróficos existentes em diversos cenários climáticos, justifica-se a aplicação de uma versão da precaução[87] orientada para evitar danos irreversíveis ou catastróficos. A possibilidade, cada vez mais concreta, de superação dos pontos de não reversão reivindica a precaução.[88] Para tanto, em havendo resultados potencialmente irreversíveis ou catastróficos, justifica-se a adoção de medidas precaucionais imediatas, a fim de preservar uma "flexibilidade" de opções para as futuras

---

[86] "1. Configura erro grosseiro o ato administrativo que ensejar violação ao direito à vida, à saúde, ao meio ambiente equilibrado ou impactos adversos à economia, por inobservância: (i) de normas e critérios científicos e técnicos; ou (ii) dos princípios constitucionais da precaução e da prevenção. 2. A autoridade a quem compete decidir deve exigir que as opiniões técnicas em que baseará sua decisão tratem expressamente: (i) das normas e critérios científicos e técnicos aplicáveis à matéria, tal como estabelecidos por organizações e entidades internacional e nacionalmente reconhecidas; e (ii) da observância dos princípios constitucionais da precaução e da prevenção, sob pena de se tornarem corresponsáveis por eventuais violações a direitos". BRASIL. Supremo Tribunal Federal (STF). *Ação Direta de Inconstitucionalidade 6.421 MC*. Tribunal Pleno. Relator: Roberto Barroso, j. 21/05/2020. Processo Eletrônico DJe nº 270, Publicado em: 12 nov. 2020.

[87] Mesmo um crítico severo do Princípio da Precaução como Cass Sunstein, defende a adoção de medidas precaucionais imediatas para casos que tenham cenários potencialmente catastróficos, marcados por riscos irreversíveis, de difícil ou grande custo para reversão. Nestes casos, o autor defende uma versão excepcional do princípio, naquilo que ele denomina Princípio da Precaução a Dano Irreversível (Irreversible Harm Precautionary Principle). SUNSTEIN, Cass. Averting Catastrophe: decision theory for COVID-19, Climate Change, and Potential Disasters of All Kinds. New York: New York University Press, 2021.

[88] WIENER, Jonathan B. Precaution and Climate Change. In: CARLARNE, Cinnamon P.; GRAY, Kevin R.; TARASOFSKY, Richard G. (Eds). *The Oxford Handbook of International Climate Change Law*. Oxford: Oxford University Press, 2016. p. 169-170.

gerações,[89] mesmo que as probabilidades sejam baixas, incertas ou mesmo desconhecidas. Em outras tintas, o binômio probabilidade/magnitude serve de importante equação para decisões jurídicas em cenários de risco climático, permitindo a ponderação razoável de que, quanto maior a magnitude de suas potenciais consequências, menor a exigência de uma definição precisa (quantificável) e alta das probabilidades para justificar medidas antecipatórias.[90] *É sob estas bases principiológicas que o Direito terá que encontrar o seu farol para navegar nas tormentosas águas de uma tempestade que se avizinha.*

#### *1.3.2.3. Riscos do uso desmedido dos poderes emergenciais*

Justifica-se a manutenção de uma preocupação com o uso de uma visão expansiva dos poderes emergenciais.[91] Um deles é o desvirtuamento dos usos dos poderes emergenciais.[92] A centralização dos poderes emergenciais no Poder Executivo, também emana cuidados, podendo haver fragilização e violações de longo prazo a liberdades civis e políticas.[93]

Outro ponto de preocupação é, como já referido, a indefinição temporal da vigência do estado emergencial. Emergências são, frequentemente, definidas para

---

[89] SUNSTEIN, Cass. *Averting Catastrophe*: decision theory for COVID-19, Climate Change, and Potential Disasters of All Kinds. New York: New York University Press, 2021.

[90] CARVALHO, Délton Winter de. *Dano Ambiental Futuro*: a responsabilização civil pelo risco ambiental. 2ª ed. Porto Alegre: Livraria do Advogado, 2013.

[91] FARBER, Daniel. *Declaring a Climate Change Emergency*: A Citizen's Guide. California: Legal Planet, jun.19 2022. Disponível em: https://legal-planet.org/2022/07/19/declaring-a-climate-change-emergency-a-citizens-guide/. Acesso: 28 jun. 2022.

[92] FARBER, Daniel. Exceptional Circumstances: Immigration, Imports, the Coronavírus, and Climate Change as Emergencies. *Hastings Law Journal*, San Francisco, v. 71, issue 5, 2020. p. 1.175.

[93] ACKERMAN, Bruce. The Emergency Constitution. *The Yale Law Journal*, New Haven, v. 113, p. 1039-1040, 2004.

períodos determinados ou para atender a eventos de uma duração razoavelmente curta (atendimento a uma pandemia, eventos climáticos extremos, entre outros). As mudanças climáticas, contudo, são um evento em *slow motion*, de longa duração, o que traz um risco de normalização da emergência.

Com a centralização dos poderes emergenciais no Executivo, este alargamento temporal pode fragilizar a tripartição de poderes e os pilares democráticos. Para tanto, os controles político e jurídico mostram-se fundamentais, ao lado de declarações bem definidas e acompanhadas de planos executivos maleáveis e programáticos. Em virtude destes riscos, as declarações instituidoras de um modo de emergência climática devem apresentar soluções,[94] deixando claro (i) os resultados esperados com a declaração; (ii) quais são os poderes especiais emergenciais decorrentes desta declaração; (iii) as limitações decorrentes da declaração, como por exemplo o período de vigência desta, assim como os parâmetros para alteração destes prazos excepcionais.[95]

[94] SUTTON, Philip. *Local-first implementation*: Why a strong climate declaration is needed – at the local government level – and what it can do. ed. 22. Australia: RSTI, feb. 3 2017. p. 4. Disponível em: https://www.caceonline.org/uploads/1/2/7/5/12758111/local_first-implementation_local-govt.pdf. Acesso em: 01 ago. 2022.

[95] SUTTON, Philip. *Local-first implementation*: Why a strong climate declaration is needed – at the local government level – and what it can do. ed. 22. Australia: RSTI, feb. 3 2017. p. 6. Disponível em: https://www.caceonline.org/uploads/1/2/7/5/12758111/local_first-implementation_local-govt.pdf. Acesso em: 01 ago. 2022.

## 2. Constitucionalismo climático

Com a intensificação dos eventos climáticos extremos e sua chegada antecipada frente às previsões científicas, o Direito passa a uma posição de protagonismo no processo global que vem demandando por respostas à mitigação, à adaptação e às perdas e danos relacionadas às mudanças climáticas. Diante desta constatação, há a necessidade de delinear as bases estruturantes deste ramo, construído nas fronteiras do sistema jurídico com o da ciência.

Para tanto, o Direito das Mudanças Climáticas apresenta-se não apenas nas dimensões mais tradicionais do Direito, isto é, o Direito Internacional e o Direito Nacional, mas também a partir de uma dimensão mais contemporânea: a transnacional. Esta dimensão emerge tanto dos instrumentos internacionais clássicos como das aquisições evolutivas obtidas nos direitos nacionais e regionais, que ganham influência global por uma metodologia de direito comparado. Como fator propulsor destas aquisições, encontra-se um fenômeno, cada vez mais intenso, que é o da litigância climática.

Necessário trazer à tona que uma geração de conflitos e problemas ambientais surgiram a partir do avanço da Sociedade Industrial. Este fenômeno produziu uma vasta consagração do *direito ao meio ambiente equilibrado e sadio* em diversas tradições constitucionais com o objetivo de apresentar respostas aos desafios da justiça ambiental, formando-se aquilo que vem sendo denominado Constitucionalismo Ambiental. Com a entrada do *Antropoceno*[96] em cena, agregam-se a uma primeira geração de conflitos ambientais, problemas de ordem mais complexa, desterritorializada e transtemporal. E é nesta nova geração que os litígios climáticos se encontram. Tais litígios trazem à discussão jurídica uma nova dimensão de (in)justiça, para além da social e da ambiental. Trata-se da *justiça climática*. A entrada do Direito no *Antropoceno* demanda por uma teoria constitucional compatível e apta a guiar o Estado de Direito nesta nova dimensão de conflitos e de justiça climática. Aí que começam os recentes debates acerca da formação de um Constitucionalismo Climático, uma evolução de seu predecessor, o ambiental.

Finalmente, a importância de um Constitucionalismo Climático, como um elo congruente entre as diversas experiências constitucionais para tratamento da matéria climática, é trazida a partir de um estudo lançado sobre alguns dos mais relevantes casos de litígios climáticos transnacionais (*Leghari v. Paquistão* e *Juliana v. USA)* e mesmo nacionais (ADPF 780 – Fundo Clima; *IEA v. Brasil*). Apesar das diferenças entre estes casos, todos têm em comum uma reflexão sobre a importância do papel exercido pelas previsões constitucionais, como estratégia para enfrentar a fragilização de direitos fundamentais em razão dos efeitos negativos das mudanças climáticas. Ainda em nível de semelhanças, estes aproximam-se também na influência que produziram e produzem em nível transnacional.

---

[96] Antropoceno consiste em um conceito que representa "era dos humanos", criado para descrever uma nova era geológica, ainda não oficial, a partir da qual as dinâmicas do sistema terrestre são determinadas pela atividade humana. O termo foi proposto por Paul J. Crutzen em 2002 em texto publicado na *Nature* (CRUTZEN, Paul J. Geology of mankind. *Nature*. 415, 2002.) A proposta de nomeação da atual era geológica foi rejeitada pela União Internacional de Ciências Geológicas (IUGS) em 04/03/2024. (WITZE, Alexandra. "It's final: the Anthropocene is not an epoch, despite protests over vote". *Nature*. 20, Março, 2024. Disponível em: https://www.nature.com/articles/d41586-024-00868-1. Acesso em: 04 out 2024. Apesar desta decisão, a expressão segue sendo amplamente utilizada uma síntese conceitual da influência humana em muitos processos do sistema terrestre.

## 2.1. *Regime climático internacional*

O Direito das Mudanças Climáticas é constituído por *um regime jurídico tridimensional*, constituído pelos regimes internacional, transnacional e nacional de tratamento da mudança climática e seus efeitos. Entre 1988 e 1990,[97] as mudanças climáticas passaram a ser determinadas como "uma preocupação comum para a humanidade", momento em que a Assembleia das Nações Unidas formalmente começou a colocar em movimento as negociações para um tratado que enfrentasse tanto a mudança climática quanto seus efeitos.[98]

Tais negociações culminaram com a adoção da Convenção-Quadro das Nações Unidas sobre as Mudanças Climáticas (UNFCCC, em inglês) em 1992. O *regime internacional* do Direito das Mudanças Climáticas orbita a partir de três instrumentos de Direito Internacional: a referida Convenção-Quadro de 1992, o Protocolo de Quioto de 1997 e o Acordo de Paris de 2015.[99] A Convenção-Quadro consiste em um instrumento bastante amplo que estabelece objetivos e princípios básicos, assim como as estruturas de negociação para converter estes princípios em obrigações mais concretas. Portanto, esta depende de regulamentação. Já o Protocolo de Quioto é um tratado derivado da Convenção-Quadro, cujo conteúdo estabelece metas e cronogramas para reduzir a emissão de gases do efeito estufa. Este adota um regime *top-down*, estabelecendo obrigações vinculantes independentes para a redução de emissões por países desenvolvidos, a ser obtida por

---

[97] Neste sentido, vide a Resolução 43/53, de 6 de dezembro de 1988, a Resolução 44/207, de 22 de dezembro de 1989, a Resolução 45/212, de 21 de dezembro de 1990, e a Resolução 46/169, de 19 de dezembro de 1991, todas da Assembleia Geral das Nações Unidas.

[98] SANDS, Philippe; PEEL, Jacqueline. *Principles of International Environmental Law*. 4. ed. Cambridge: Cambridge University Press, 2018. p. 299.

[99] FARBER, Daniel A.; CARLARNE, Cinnamon P. *Climate Change Law*. St. Paul: Foundation Press, 2018. p. 57.

meio de uma série de instrumentos de mercado de mitigação climática e atendimento de suas metas.

O Acordo de Paris, por seu turno, representa o ápice deste processo de negociações no plano internacional e prevê a estrutura normativa para governança climática a partir de 2020. O tratado compromete as Partes, por meio de um consenso político internacional, "a manter o aumento da temperatura média global bem abaixo de 2°C em relação aos níveis pré-industriais, e envidar esforços para limitar esse aumento da temperatura a 1,5°C em relação aos níveis pré-industriais, reconhecendo que isso reduziria significativamente os riscos e os impactos da mudança do clima" (UNFCCC, 2015).[100]

Diferentemente do Protocolo de Quioto, o Acordo de Paris não tem um prazo final definido, prevendo um processo contínuo de submissão de ações climáticas voluntárias pelos países, as chamadas Contribuições Nacionalmente Determinadas (NDCs, acrônimo na língua inglesa). Como manifestação ao *princípio das responsabilidades comuns, porém diferenciadas,* estas devem refletir a mais alta ambição possível de cada Parte, sendo periódica e progressivamente revistas pelos países.[101] Ao invés de metas e cronogramas rígidos para as reduções de emissões, o Acordo de Paris adotou uma abordagem *bottom-up,* com as ações de mitigação e de adaptação sendo determinadas individualmente pelas partes em conformidade com as prioridades políticas e econômicas domésticas de cada Parte.

O regime climático internacional apresenta uma gama de Princípios Gerais de Direito Internacional das Mudanças Climáticas. Apesar de tais princípios

[100] Vide o artigo 1°, (a), do Acordo de Paris de 2015. UNFCCC – UNITED NATIONS FRAMEWORK CONVENTION ON CLIMATE CHANGE. Acordo de Paris. 2015. Disponível em: <https://unfccc.int/process-and-meetings/the-paris-agreement/the-paris-agreement≥. Acesso em: 10 jun. 2021.

[101] FARBER, Daniel A.; CARLARNE, Cinnamon P. *Climate Change Law*. St. Paul: Foundation Press, 2018. p. 67.

decorrerem do campo mais geral do Direito Ambiental Internacional, foram transpostos para uma aplicação e interpretação mais específica para o fenômeno das Mudanças Climáticas por meio da Convenção-Quadro das Nações Unidas sobre Mudança Climática. Estes, portanto, tratam-se da espinha dorsal[102] do Direito Internacional das Mudanças Climáticas. Ao considerar o sistema climático como uma preocupação comum da humanidade[103] e que este deve ser protegido para as presentes e futuras gerações[104], a Convenção reconhece Princípios Gerais no seu artigo 3º. Dentre estes, destacam-se, o *Princípio das Responsabilidades Comuns Porém Diferenciadas*, o *Princípio da Equidade Intergeracional* e o *Princípio da Precaução.*[105]

O *Princípio das Responsabilidades Comuns Porém Diferenciadas* (art. 3 (1)) reconhece que a responsabilidade dos países é comum para proteger o sistema climático, devendo, contudo, ser diferenciada entre as partes com base em suas respectivas capacidades. Este Princípio foi articulado pela primeira vez na Convenção-Quadro e tem dois fundamentos centrais: *primeiro*, as diferentes responsabilidades históricas das Partes por causarem o problema das mudanças climáticas; *segundo*, suas diferentes capacidades para lidar com ele.[106]

Por sua vez, o *Princípio da Equidade Intergeracional*, largamente debatido no Direito Ambiental, é transposto para o regime climático no art. 3 (1) da Conven-

---

[102] FARBER, Daniel A.; CARLARNE, Cinnamon P. *Climate Change Law*. St. Paul: Foundation Press, 2018. p. 72.

[103] Preâmbulo da Convenção-Quadro das Nações Unidas sobre Mudança Climática.

[104] Art. 3.1. Convenção-Quadro das Nações Unidas sobre Mudança Climática.

[105] FARBER, Daniel; CARLARNE, Cinnamon. *Climate Change Law*. St. Paul: Foundation Press, 2018. p. 72-80.

[106] BODANSKY, Daniel. The Paris Climate Change Agreement: A New Hope? *American Journal of International Law*. v. 110, Maio, 2016. p. 15. Disponível em https://papers.ssrn.com/sol3/papers.cfm?abstract_id=2773895.

ção-Quadro ao prever que: "As Partes devem proteger o sistema climático em benefício das presentes e futuras gerações da humanidade, com base na equidade". Abrangido pelo conteúdo amplo do Princípio do Desenvolvimento Sustentável, a Equidade Intergeracional ganha grande relevo no Direito das Mudanças Climáticas. Tomando-se em consideração que os gases do efeito estufa, especialmente o dióxido de carbono, podem ficar na atmosfera por várias centenas de milhares de anos, as ações das presentes gerações têm impactos longínquos sobre as futuras gerações. Além disso, a importância deste Princípio se dá em a capacidade para internalização das necessidades e bem-estar das futuras gerações nas decisões presentes. A matéria climática é em si uma questão intergeracional, com as atividades humanas presentes tendo sérias implicações em nível de justiça e equidade de acesso aos bens ambientais em relação às futuras gerações.

Ainda, o art. 3 (3) chama as Partes para a adoção do *Princípio da Precaução*, devendo estas "adotarem medidas de precaução para prever, evitar ou minimizar as causas da mudança do clima e mitigar seus efeitos negativos". Para tanto, "quando surgirem ameaças de danos sérios ou irreversíveis, a falta de plena certeza científica não deve ser usada como razão para postergar essas medidas". Interessante notar que o conteúdo aqui atribuído ao Princípio, remete ao seu sentido clássico e mais consolidado, o Princípio 15 da Declaração do Rio sobre Meio Ambiente e Desenvolvimento de 1992. A exemplo desta, a Convenção-Quadro prevê que as medidas precaucionais aplicadas à matéria climática devem levar ser aplicadas "levando em conta que as políticas e medidas adotadas para enfrentar a mudança do clima devem ser eficazes em função dos custos, de modo a assegurar benefícios mundiais ao menor custo possível".

## 2.2. *Regime climático nacional*

De outro lado, as respostas jurídicas às mudanças climáticas devem também ser objeto de atenção em nível de direito doméstico. Em outras tintas, a mudanças climáticas devem ser pensadas e negociadas globalmente, mas as ações mitigadoras, adaptativas e de perdas e danos devem ser executadas localmente. Para tanto, os países passam a desenvolver seu Direito das Mudanças Climáticas em nível interno, (i) ratificando tratados climáticos de direito internacional; (ii) promulgando normativas acerca da matéria climática, tais como previsões constitucionais, processos legislativos nacionais, subnacionais e municipais, e atos normativos infralegais; (iii) por meio do desenvolvimento de planos executivos de mitigação e adaptação climática.

As estratégias também podem-se basear em instrumentos de mercado, como é o caso da taxação do carbono, de um lado, e a formação de um mercado de carbono (*cap-and-trade*), de outro.[107] Assim, qualquer medida para combate nacional às mudanças climáticas necessariamente terá de lançar mão de alguma destas estratégias: regulação jurídica convencional, taxação das emissões ou mercado de quotas de emissões. Finalmente, um importante fator propulsão e definição da regulação climática é exercido pelas cortes jurisdicionais (nacionais, regionais, comunitárias ou mesmo internacionais), naquilo que é denominado *litigância climática*.[108]

---

[107] Atualmente, tramita no Congresso Federal a PL 182/2024, que cria o mercado regulado de carbono no Brasil, indicando uma tendência clara de opção do país pelo sistema *cap-and-trade*.

[108] UNEP – United Nations Environment Programme. Global Climate Litigation Report: *2020 Status Review*. Nairobi: United Nations Environment Programme; Sabin Center for Climate Change Law, 2020.

### 2.2.1. Política Nacional sobre Mudança do Clima – PNMC –, Lei Federal nº 12.187/2009

O regime jurídico climático brasileiro é estruturado sobre as bases da Política Nacional sobre Mudança do Clima – PNMC –, instituída pela Lei nº 12.187, de 29 de dezembro de 2009, de um lado, e a ratificação do Acordo de Paris pelo Decreto nº 9.073, de 5 de junho de 2017, de outro. Também, o direito doméstico deve adotar como diretrizes da PNMC todos os compromissos assumidos pelo Brasil no âmbito da Convenção-Quadro das Nações Unidas sobre o Clima e demais documentos sobre mudança climática dos quais o país vier a ser signatário (art. 5º da Lei nº 12.187/2009).

Importante destacar que, no sistema pátrio, há uma ambiguidade de metas, capaz de causar confusões e insegurança jurídica. Primeiro, o texto legal da PNMC prevê como meta a redução de 36.1% a 38.9% das emissões projetadas até 2020, tendo como base o inventário de 2010 (art. 12 da Lei nº 12.187/2009). Para a obtenção e sistematização desta meta climática nacional, a projeção das emissões para 2020 são quantificadas setorialmente para (i) mudança de uso da terra, (ii) energia, (iii) agropecuária, (iv) processos industriais e tratamento de resíduos, mediante regulamentação emanada do Decreto nº 9.578, de 22 de novembro de 2018 (vide art. 18). Outro ponto digno de destaque é que as metas venceram no ano 2020, não tendo havido atualização legislativa destas.

Finalmente, esta regulamentação infralegal define *planos setoriais de mitigação e adaptação climática* para a consecução dos objetivos definidos pela PNMC, notando-se forte destaque ao combate ao desmatamento (art. 17). Tais planos consistem em planejamentos executivos setoriais de *conteúdo científico*, com *função* de operacionalizar a *governança climática* por setores e com *força normativa*. Nota-se, portanto, um sistema normativo, com metas setoriais quantificáveis e planejamentos executivos operacionais. Ocorre que, a PNMC apresenta um vácuo normativo quanto a sua meta, uma vez que esta teve como termo temporal final o ano de 2020, e não houve qualquer renovação desta por meio de uma desejável atualização legislativa da Política Climática brasileira. Atualmente, a revisão do texto da PNMC, a fim de atualizá-la, está sendo feita pelo Comitê Interministerial sobre Mudança Climática – CIM –, criado e regulamentado pelos Decretos n. 11.550/2023 e 12.040/2024. As Leis nºs 15.042/2024[109] e 14.904/2024[110] criaram modificações na Lei 12.187/2009.

### 2.2.2. Acordo de Paris e NDC brasileira

De outro lado, a ratificação do Acordo de Paris, promulgada pelo Decreto nº 9.073/2017, torna norma doméstica a meta climática de *manutenção do aumento da temperatura média global bem abaixo de 2°C em relação aos níveis pré-industriais, e envidar esforços para limitar esse aumento da temperatura a 1,5°C em relação aos níveis pré-industriais.*

Para tanto, o Brasil emitiu a sua NDC (contribuição nacionalmente determinada) original em 2016, havendo três atualizações subsequentes, em 2020, 2022 e 2023. A NDC original 2016, previa um compromisso de redução de 37% (1,3 $GtCO_2e$) das emissões dos gases do efeito estufa em relação aos níveis de 2005, em 2025. E uma redução de 43% (1,2 $GtCO_2e$), em 2030.

Na primeira atualização, realizada em 2020, o Brasil manteve os percentuais da NDC original, porém, tomou em consideração o Terceiro Inventário Nacional de Emissões Antrópicas por Fontes e Remoções por

[109] Modificou o inciso VIII do art. 4º e o art. 9º da Lei 12.187/2009.

[110] Estabelece diretrizes para a elaboração de planos de adaptação à mudança do clima, que visam reduzir a vulnerabilidade e a exposição a riscos dos sistemas ambiental, social, econômico e de infraestrutura, diante dos efeitos adversos da mudança do clima.

Sumidouros de Gases de Efeito Estufa não controlados pelo Protocolo de Montreal. Neste inventário, havia uma atualização das emissões havidas em 2005, ano-base da meta climática da NDC brasileira, o que, na prática, acarretou em um aumento nas previsões de emissões brasileiras. Como a NDC prevê a sua meta em um percentual sobre as emissões inventariadas em 2005, o aumento correspondente às emissões para aquele ano, acarreta na possibilidade de aumento das emissões e uma consequente redução da ambição climática. Em síntese, a redução de 37% para 2025 acarretaria em 1,79 $GtCO_2e$, e os 43% a serem atingidos em 2030, 1,62 $GtCO_2e$. Esta redução na ambição e aumento nas emissões consiste em uma evidente violação ao Princípio da Progressividade ou da Progressão,[111] previsto no texto do art. 4.3. do Acordo de Paris. A meta apresentada é consistente com a neutralidade climática a ser obtida em 2060.

Já na segunda atualização, de 2022, a NDC brasileira assumiu o compromisso de reduzir 37% das emissões de gases do efeito estufa em 2025 e 50% para 2030, ambas em relação ao ano-base 2005. Nesta, houve a utilização do Quarto Inventário Nacional de Emissão de Gases do Efeito Estufa. Desta forma, a redução de 37% (2025) atinge 1,61 $GtCO_2e$ e os 50% (2030), 1,28 $GtCO_2e$, como meta. Trata-se de uma meta mais ambiciosa do que a primeira atualização, porém, ainda menos ambiciosa do que a NDC original. De acordo com a segunda atualização da NDC (2022), a meta apresentada é consistente com a neutralidade climática a ser obtida em 2050.

Na terceira atualização realizada em 2023, a meta para 2025 previu uma redução de 48,4% (1,32 $GtCO_2e$), em comparação com 2005. Enquanto que, para 2023,

---

111 Art. 4.3. A contribuição nacionalmente determinada sucessiva de cada Parte representará uma progressão em relação à contribuição nacionalmente determinada então vigente e refletirá sua maior ambição possível, tendo em conta suas responsabilidades comuns porém diferenciadas e respectivas capacidades, à luz das diferentes circunstâncias nacionais.

almeja-se a redução de 53,1% (1,20 $GtCO_2e$), em comparação com o ano-base de 2005. Para tanto, utilizou-se o Quarto Inventário Nacional de Emissões. Esta versão também prevê alcançar a neutralidade climática em 2050.

Em 13/11/2024, o Brasil apresentou sua segunda NDC para o período 2031 – 2035 durante a COP 29, em Baku no Azerbaijão. A NDC estabelece uma meta de redução de emissões líquidas em banda, isto é, em uma faixa entre 59% e 67% em relação às emissões de 2005, ano-base adotado pelo Brasil, o que corresponde a uma redução entre 1,05 (menos ambicioso) e 0,85 $GtCO_2e$ (mais ambicioso) (GWP AR5) até 2035. A nova NDC mantém seu compromisso com a obtenção da neutralidade climática em 2050. Apesar do argumento governamental de alinhamento de sua NDC[112] a 1,5°C, há importantes dúvidas acerca deste ponto.[113]

Digno de destaque que a meta prevista na NDC brasileira está construída sobre bases diversas daquelas previstas na PNMC (esta, inclusive, já teve sua meta vencida em 2020), havendo uma ambígua duplicidade de metas climáticas no sistema jurídico climático nacional. Este desalinhamento é evidentemente prejudicial para o planejamento e a segurança jurídica necessárias. Da mesma forma, a variabilidade das NDCs também é uma preocupação neste sentido. O ideal seria uma atualização legislativa da PNMC, com a referência à periodicidade das NDCs, seu alinhamento às metodologias internacionais e a necessária progressão de sua ambição, mesmo que ocorram alterações nos inventários. Finalmente, giza-se a ausência de um sistema completo,

---

[112] BRASIL. *A Nova NDC do Brasil*, 2024. Disponível https://www.gov.br/mma/pt-br/assuntos/noticias/brasil-entrega-a-onu-nova-ndc-alinhada-ao-acordo-de-paris/ndc-versao-em-portugues.pdf/. Acesso em 03 mai. 2025.

[113] OBSERVATÓRIO DO CLIMA. *Breve Análise da Segunda NDC do Brasil. 2024*. Disponível em: https://oc.eco.br/wp-content/uploads/2024/11/BREVE-ANALISE-DA-SEGUNDA-NDC-DO-BRASIL-1.pdf. Acesso em: 03 mai. 2025.

coerente e operacional da NDC brasileira, uma vez ausente a uma setorização quantificável das metas e de respectivos planos executivos.

| NDC | Comunicação Nacional (Inventário) | 2005 | Meta para 2025 | Meta para 2030 |
|---|---|---|---|---|
| Primeira NDC (2016) | Segunda (valor aproximado) | 2,10 GtCO2e | 1,3 GtCO2e (-37%) | 1,2 GtCO2e (-43%) |
| Primeira Atualização (NDC 2020) | Terceira | 2,84 GtCO2e | 1,79 GtCO2e (-37%) | 1,62 GtCO2e (-43%) |
| Segunda Atualização (NDC 2022) | Quarta | 2,56 GtCO2e | 1,61 GtCO2e (-37%) | 1,28 GtCO2e (-50%) |
| Terceira Atualização (NDC 2023) | Quarta | 2,56 GtCO2e | 1,32 GtCO2e (-48%) | 1,20 GtCO2e (-53%) |
| Segunda NDC (2024) | Quarta | 2,56 GtCO2e | 1,05 GtCO2e (-59%) | 0,85 GtCO2e (-67%) |

Tabela: Adaptada de Política por Inteiro, 2023.[114] e Observatório do Clima, 2024[115]

### 2.2.3. Mercado regulado de carbono brasileiro

Entre a adoção da estratégia de taxação do carbono e a institucionalização de sistema de comércio de emissões, o Brasil adotou a segunda como o principal instrumento de mercado para controle e redução das emissões de gases do efeito estufa. Tal sistema é cha-

[114] POLÍTICA POR INTEIRO. NDC 2023: O Brasil aumentou sua ambição? *Instituto Talanoa*, 2023. Disponível em: https://politicaporinteiro.org/2023/09/20/ndc-2023-o-brasil-aumentou-a-ambicao/. Acesso em: 01 abr. 2024.

[115] OBSERVATÓRIO DO CLIMA. Breve Análise da Segunda NDC do Brasil. 2024. Disponível em: https://oc.eco.br/wp-content/uploads/2024/11/BREVE-ANALISE-DA-SEGUNDA-NDC-DO-BRASIL-1.pdf. Acesso em: 03 mai. 2025.

mado de *cap-and-trade*, que consiste em um sistema que prevê um teto (*cap*) para as emissões, emitindo uma determinada quantidade de cotas para emissões permitidas e créditos para aquelas atividades que tenham promovido a redução ou a remoção destas emissões. Tais créditos de carbono devem ser compatíveis com o limite a ser determinado pelo Sistema Brasileiro de Comércio de Emissões de Gases de Efeito Estufa (SBCE).

A tendência é este teto ir diminuindo gradualmente, permitindo que os setores façam uma transição menos abrupta. Para emitir gases do efeito estufa, os emissores devem possuir as respectivas cotas autorizativas para cada tonelada emitida. As empresas emissoras podem comprar e vender a fim de atender os limites impostos setorialmente. Por exemplo, as empresas que excederem os limites impostos poderão comprar créditos para compensar, enquanto que aquelas que reduzirem suas emissões para abaixo do teto, poderão obter créditos para vender em mercado. As empresas mais eficientes sob o ponto de vista climático terão, assim, uma vantagem competitiva em relação àquelas que não conseguirem reduzir suas emissões.

A Lei Federal n° 15.042/2024 instituiu o Sistema Brasileiro de Comércio de Emissões de Gases de Efeito Estufa (SBCE), como um mercado regulado de carbono. Até então, o Brasil só tinha o mercado voluntário de carbono, sem a existência de limites e regras definidas. O efeito imediato desta legislação é permitir que as emissões, a redução e a remoção de gases possam ser revertidos em ativos financeiros negociáveis, atraindo investimentos internacionais com o escopo de cumprimento com as metas climáticas assumidas pelo país. Esta estratégia cria um incentivo para a redução e a remoção de gases do efeito estufa, a partir da lógica de mercado. Por evidente, os limites instituídos pelo mercado de carbono devem estar em harmonia com as metas previstas na NDC brasileira e esta, por sua vez, à meta prevista no Acordo de Paris. Internamente, as metas previstas na NDC devem ainda ser setorizadas e acompanhadas por planos executivos setoriais e temáticos, cuja confecção está em curso. É nesta engenharia de governança climática que os limites impostos pelo mercado de carbono se situam, corroborando para atingir as metas definidas pela NDC brasileira.

Os créditos de carbono são considerados ativos transacionáveis, autônomos, com natureza jurídica de fruto civil no caso de créditos de carbono florestais de preservação ou de reflorestamento, representativo de efetiva retenção, redução de emissões ou remoção.[116] Neste âmbito, tem-se a Cota Brasileira de Emissões (CBE) e os Certificados de Redução ou Remoção Verificada de Emissões (CRVEs). Enquanto a primeira (CBE) diz respeito a um ativo fungível, transacionável e representativo do direito de emissão de uma tonelada de dióxido de carbono equivalente (1tCO2e) outorgado pelo órgão gesto do SBCE, o segundo é representativo da efetiva redução de emissões ou remoção dos gases de efeito estufa. Ao menos neste momento, as atividades agropecuárias foram excluídas de submissão ao mercado regulado de carbono.[117]

A implantação do SBCE está prevista em cinco fases, sendo elas: (i) *Fase 1*, de 12 a 24 meses, consistirá na regulamentação inicial, com a criação do órgão gestor e a definição dos setores que serão regulados. É neste período que serão definidos os detalhes operacionais do sistema, assim como as bases jurídicas; (ii) *Fase 2*, em 12 meses, a operacionalização do sistema de monitoramento, o relato e a verificação das emissões, com as empresas tendo que reportar suas emissões de forma padronizada, gerando uma base de dados que permitirá, num segundo momento, a fiscalização; (iii) *Fase 3*, 24 meses,

---

[116] Art. 1º, VII, Lei 15.042/2024.

[117] Art. 1º, § 2º, Lei 15.042/2024: "Para os fins desta Lei, a produção primária agropecuária, bem como os bens, as benfeitorias e a infraestrutura no interior de imóveis rurais a ela diretamente associados, não são considerados atividades, fontes ou instalações reguladas e não se submetem a obrigações impostas no âmbito do SBCE".

termo inicial para a obrigação de apresentação de relatórios de emissões e planos de monitoramento, o que irá fornecer os dados necessários para o primeiro Plano Nacional de Alocação (PNA); (iv) *Fase 4*, início do primeiro ciclo de alocação de CBEs e operacionalização dos primeiros leilões. Ante a publicação do PNA, haverá a definição das regras de distribuição de cotas e o volume inicial disponível para o mercado. É nesta fase que as primeiras CBEs começarão a ser emitidas e negociadas, com a participação das empresas reguladas; (v) *Fase 5*, implementação plena do mercado, com o primeiro leilão de CBEs e o início do mercado secundário, que permitirá negociações entre empresas.[118]

### 2.3. *Regime climático transnacional*

Para além das dimensões internacional e nacional, há a formação de uma, cada vez mais forte, *dimensão transnacional*. Esta, volta-se para os aspectos globais do Direito das Mudanças Climáticas, tendo por base propulsora a expansão global dos litígios climáticos que, por seu turno, desencadeiam um *movimento transnacional por justiça climática*.[119] Neste processo, cada vez mais frequente, casos paradigmáticos mundiais passam a influenciar e ter sua aderência testada em outras jurisdições, desencadeando uma verdadeira *governança climática transnacional* pelo litígio.[120] Os litígios climáticos são fenômenos jurisdicionais e, portanto, frequentemente ocorrem em âmbito local, em cortes nacionais ou subnacionais. Ante a constante ausência de um caráter

---

[118] Art. 50, I, II, III, IV e V, da Lei 15.042/2024.

[119] PEEL, Jacqueline; LIN, Joline. Transnational Climate Litigation: The Contribution of the Global South. *The American Society of International Law*, Singapore, v. 113, n. 4, p. 679–726, 2019, p. 681.

[120] CARVALHO, Délton Winter de. *Desastres ambientais e sua regulação jurídica: deveres de prevenção, resposta e compensação ambiental.* 1. ed. São Paulo: Revista dos Tribunais, 2015. p. 188-197; CARVALHO, Délton Winter de. Estado de Direito Ambiental. In: *Gestão Jurídica Ambiental*. p. 124-151. São Paulo: Revista dos Tribunais, 2020. p. 140-149.

vinculante (*binding*) e de execução forçada (*enforcement*) dos instrumentos internacionais, como o Acordo de Paris, os litígios climáticos envolvem litigantes e decisões de cortes domésticas.[121] Apesar de frequentemente os litigantes serem de uma mesma nação, onde tramita a demanda jurisdicional, o caráter *transnacional* decorre da constatação de que os seus reflexos judiciais adquirem um alcance local e global, simultaneamente.[122]

Um dos aspectos mais destacados desta dimensão, originadas nas orientações emanadas do próprio Acordo de Paris, é o fato da *governança climática* ser (i) multinível e para além do Estado (tendo como atores indivíduos, organizações não governamentais, cidades, estados, países etc); (ii) ter uma base científica (fundada em Relatórios Científicos do *Intergovernmental Panel on Climate Change* – IPCC); e (iii) identificar o potencial que as mudanças climáticas têm de afetar os mais vulneráveis e ocasionar a violação a direitos humanos, tais como a vida, a dignidade da pessoa humana, a propriedade, o meio ambiente ecologicamente equilibrado, entre outros. E é no âmago deste movimento transnacional que um constitucionalismo global passa a adquirir sua face ambiental e, mais recentemente, climático.

### 2.3.1. Dimensão transnacional do constitucionalismo ambiental

O aumento das preocupações com o equilíbrio ambiental global repercute em um crescimento da inserção de direitos e obrigações ambientais nas constituições de diversos países. A inserção de disposições ambientais constitucionais substanciais teve seu iní-

[121] PEEL, Jacqueline; LIN, Joline. Transnational Climate Litigation: The Contribution of the Global South. *The American Society of International Law*, Singapore, v. 113, n. 4, p. 679–726, 2019. p. 696.

[122] BODANSKY, Daniel. Climate Change: Transnational Legal Order or Disorder? In: HALLIDAY, Terence C.; SHAFFER, Gregory (Eds.). *Transnational Legal Orders and Regulatory Law.* Cambridge: Cambridge University Press, 2015, p. 287-308.

cio nos primórdios da década de 70, sendo a Iugoslávia, por exemplo, um dos primeiros países a adotar um direito ao meio ambiente em nível constitucional, em 1974,[123] em decorrência da influência internacional exercida pela Conferência das Nações Unidas sobre o Meio Ambiente Humano de Estocolmo em 1972. Esta proliferação de previsões de direitos substanciais ou procedimentais ambientais em constituições ao redor do mundo estabeleceu a marca de que, em 2015, 76 países já reconheciam expressamente o direito ao meio ambiente em suas constituições.[124]

Não obstante uma influência internacional, as previsões constitucionais de cada país são marcadas por especificidades nos respectivos textos constitucionais, influenciados por suas próprias culturas, teorias, doutrinas e jurisprudências constitucionais nacionais. Esta diversidade vai desde países que, a exemplo do Equador e Bolívia, consideram a natureza como uma entidade legal (*Pachamama* e o *princípio do "buen vivir"*). Outros países latino-americanos, como Brasil, México, Colômbia e Argentina, inseriram o direito ao meio ambiente em suas constituições na década de 80, em grande parte atribuindo *direitos subjetivos individuais* ao ambiente sadio. No caso do Brasil, a inserção do direito fundamental ao meio ambiente ecologicamente equilibrado envolve uma dupla dimensão: de um lado, *direitos subjetivos públicos* e, de outro, *deveres objetivos de proteção*.[125]

A partir de uma perspectiva metodológica comparada,[126] o Constitucionalismo Ambiental atua em uma

---

[123] KOTZÉ, Louis J. The Fundamentals of Environmental Constitutionalism. In: KOTZÉ, Louis J. *Global Environmental Constitutionalism in the Anthropocene*. Cap. 5, p. 133-175. Oxford; Portland: Hart Publishing, 2016, p. 136.

[124] DALY, Erin; MAY, James R. Comparative environmental constitutionalism. *Jindal Global Law Review*, Sonipat, v. 6, n. 1, p. 9-30, 2015, p. 10.

[125] SARLET, Ingo; FENSTERSEIFER, Tiago. *Direito Constitucional Ambiental*. 2ª ed. São Paulo: Thomson Reuters, 2012. CARVALHO, Délton Winter de. *Desastres ambientais e sua regulação jurídica: deveres de prevenção, resposta e compensação ambiental*. 2ª ed. São Paulo: Revista dos Tribunais, 2020, p. 139-140.

[126] MAY, James R; DALY, Erin. *Global Environmental Constitutionalism*. New York: Cambridge University Press, 2015.

dimensão transnacional, a partir da qual a comparação entre a adoção da proteção ambiental nas diversas tradições constitucionais mundiais, no direito internacional, nos direitos humanos e no direito ambiental, é capaz de formar um corpo coerente apto a permitir o preenchimento de lacunas e uma influência recíproca em prol de uma efetiva proteção do ambiente a partir de um nível e um *status* constitucional. Trata-se, portanto, de um fenômeno global emergente de direito constitucional comparado, formando um processo de interpretação coerente das diversas culturas constitucionais em multiníveis, tais como subnacional, nacional e supranacional.[127]

Erin Daly e James May chamam a atenção para cinco vantagens do constitucionalismo ambiental ou, em outras palavras, da proteção constitucional do ambiente em detrimento de sua previsão apenas em normas infraconstitucionais.[128] *A primeira* vantagem é a superioridade normativa e maior durabilidade das normas constitucionais em relação àquelas de natureza diversa. *A segunda,* se dá no sentido de que, como parte de uma lei superior de um dado território, a provisão constitucional guia o próprio discurso e comportamento público. Um *terceiro* benefício é a probabilidade de obediência aumenta em face de provisões constitucionais. A *quarta* vantagem apresentada pelos autores diz respeito ao fato de que, quando comparadas com leis ambientais ordinárias, estas cobrem questões mais específicas, as disposições constitucionais ambientais protegem direitos substantivos ambientais amplos, não apenas inerentes a matérias específicas ou isoladas. Finalmente, a *quinta* vantagem da tutela constitucional em detrimento da proteção apenas por leis infraconstitucionais, consiste em que o constitucionalismo ambiental fornece uma rede de segurança para proteger o meio ambiente quando regras interna-

---

127 DALY, Erin; MAY, James R. Comparative environmental constitutionalism. *Jindal Global Law Review*, Sonipat, v. 6, n. 1, p. 9-30, 2015, p. 10.

128 Idem, p. 21-22.

cionais ou outras leis domésticas não se mostram suficientemente fortes para sua imposição judicial.

Digno de nota que a constitucionalização de uma determinada matéria torna sua proteção mais perene e guia as decisões jurídicas futuras de um sistema jurídico, controlando a temporalidade jurídica, a partir de uma dimensão constitucional. Limita-se, assim, o âmbito de discricionariedade futura, quer da Administração Pública, quer das próprias cortes judiciais.

Nos termos acima enfrentados, o constitucionalismo ambiental envolve uma dimensão fundamental (constitucionalismo ambiental fundamental), a partir dos dispositivos constitucionais textuais que protegem direitos substantivos e procedimentais dos cidadãos à qualidade ambiental, assegurados por instrumentos nacionais ou subnacionais.[129] Além disso, há uma segunda forma de constitucionalismo ambiental, naquilo que se denomina "constitucionalismo ambiental estrutural" como a alocação de autoridade regulatória ambiental nos diversos níveis governamentais e que reflete os limites e restrições estruturais à implementação de políticas ambientais.[130]

### 2.3.2. O constitucionalismo climático

O constitucionalismo climático consiste em uma matriz teórica que abrange tanto (i) uma *dimensão normativista*, a partir da análise comparada da inserção de cláusulas constitucionais climáticas expressas no texto constitucional;[131] como (ii) uma *dimensão de precedentes transnacionais*, mais baseada na análise comparativa de soluções judiciais baseadas na análise dos impactos que

[129] HUDSON, Blake. Structural Environmental Constitutionalism. *Widener Law Review*. Wilmington, v. 21, p. 201-216, 2015, p. 201.

[130] Idem, p. 202.

[131] GHALEIGH, Navraj Singh; SETZER, Joana; WELIKALA, Asanga. *The Complexities of Comparative Climate Constitutionalism*. Journal of Environmental Law, 2022, XX, 1-12.

as mudanças climáticas irão ocasionar em diversos direitos fundamentais já consolidados em uma respectiva tradição constitucional (*rights-based climate litigation*). É ponto comum a tais casos, uma reflexão acerca de condutas que exacerbem as mudanças climáticas (falhas e omissões em mitigar e a adaptar), sendo assim consideradas violadoras de diversos direitos constitucionalmente expressos (vida, dignidade da pessoa humana, devido processo legal, meio ambiente), de forma sinergética.[132]

O constitucionalismo climático apresenta um ponto de equilíbrio transnacional, com uma oscilação entre sua dimensão global e nacional.[133] Para além de um processo de transbordamento do constitucionalimo ambiental, que protege indiretamente o sistema climático, há uma função constitucional direta para a proteção do sistema climático como bem jurídico tutelado.[134] De tal forma, o constitucionalismo climático fornece pelo menos dois caminhos para avançar a tutela climática, em relação ao ambiental. Primeiro, a inserção de cláusulas climáticas no texto constitucional expressamente e, quando estas não existirem, pelo menos inferir que outros direitos constitucionais expressos (à vida, à dignidade, ao devido processo ou a um ambiente saudável) incorporam implicitamente obrigações de resposta às alterações climáticas.[135]

A consolidação, desde o final do século passado, da nova era geológica, ainda informalmente denomi-

---

[132] SETZER, Joana; CARVALHO, Délton Winter de. *Climate litigation to protect the Brazilian Amazon*: Establishing a constitutional right to a stable climate. RECIEL, 2021; CARVALHO, Délton Winter de. Constitucionalismo Climático como fundamento transnacional aos litígios climáticos. *Revista de Direito Internacional*. Uniceub, 2022.

[133] MAY, James. *Climate Rights: Cases and Context*. Lulu Press, 2024, p. 69.

[134] CARVALHO, Délton Winter de.; ROSA, Rafaela Santons Martins. Premisssas para a Configuração do Sistema Climático como Bem Jurídico. Revista de Direito Ambiental. v. 104, ano 26, out-dez., 2021. p. 299-323; SARLET, Ingo; FENSTERSEIFER, Tiago. Direitos Fundamentais e Deveres de Proteção Climática na Constituição Brasileira de 1988. *Revista de Direito Ambiental*. v. 108, out-dez, 2022. p. 77-108.

[135] MAY, James. *Climate Rights: Cases and Context*. Lulu Press, 2024. p. 69.

nada de *Antropoceno*, demanda por uma governança transnacional e um constitucionalismo climático apto a fornecer as bases para uma *nova onda de conflituosidade jurídica global*, dentre a qual destaca-se a climática. O Antropoceno impõe não apenas a necessidade de compreensão de uma narrativa de emergência física (*physis*), mas também uma crise por justiça (*polis*),[136] fortemente orientada pelo combate às vulnerabilidades climáticas. Para lidar com este novo momento histórico, há a necessidade de integração entre a governança climática e o constitucionalismo global, naquilo que vem sendo descrito como *constitucionalismo climático*.[137]

A conscientização acerca da gravidade da emergência climática levou a uma evolução do constitucionalismo ambiental para um de índole climática, com algumas constituições começando a incluir direitos especificamente relacionados à estabilidade climática. Neste sentido, há pelo menos onze países que já incorporaram o assunto mudanças climáticas em seus respectivos textos constitucionais, sendo eles Argélia, Bolívia, Costa do Marfim, Cuba, Equador, República Dominicana, Tailândia, Tunísia, Venezuela, Vietnã e Zâmbia.[138]

---

136 JARIA-MANZANO, Jordi; BORRÀS, Susana. Introduction to the Research Handbook on Global Climate Constitutionalism. In: JARIA-MANZANO, Jordi; BORRÀS, Susana (Eds.). *Research Handbook on Global Climate Constitutionalism.* p. 1-17. Cheltenham (UK); Northampton (MA, USA): Edward Elgar Publishing, 2019, p. 03.

137 JARIA-MANZANO, Jordi; BORRÀS, Susana. Introduction to the Research Handbook on Global Climate Constitutionalism. In: JARIA-MANZANO, Jordi; BORRÀS, Susana (Eds.). *Research Handbook on Global Climate Constitutionalism.* p. 1-17. Cheltenham (UK); Northampton (MA, USA): Edward Elgar Publishing, 2019.

138 MAY, James R.; DALY, Erin. Global Climate Constitutionalism and Justice in the Courts. In: JARIA-MANZANO, Jordi; BORRÀS, Susana (Eds.). *Research Handbook on Global Climate Constitutionalism.* p. 235-245. Cheltenham (UK); Northampton (MA, USA): Edward Elgar Publishing, 2019. p. 240-241. GHALEIGH, Navraj Singh; SETZER, Joana; WELIKALA, Asanga. The Complexities of Comparative Climate Constitutionalism. *Journal of Environmental Law.* v. XX, Oxford University Press, 2022. p. 07; VIOLA, Pasquale. *Climate Constitutionalism Momentum: Adaptative Legal Systems.* Cham: Springer, 2022, p. 61-75.

| Países com cláusulas constitucionais climáticas | Alguns casos jurisdicionais climáticos com embasamento constitucional |
|---|---|
| Zâmbia (1991), Argélia (1996), Republica Dominicana (1998), Venezuela (1999), Equador (2008), Bolívia (2009), Vietnã (2013), Tunísia (2014), Costa do Marfim (2016), Tailândia (2017) e Cuba (2019).[139] | *Leghari v. Paquistão*<br>*Juliana v. Alemanha*<br>*Neubauer v. Alemanha*<br>*Futuras Gerações da Colômbia v. Colômbia*<br>ADPF 708 STF (Brasil)<br>*IEA v. Brasil* |

Tabela adaptada de CARVALHO, Délton Winter de. "Constitucionalismo Climático: A Tridimensionalidade do Direito das Mudanças Climáticas". *Veredas do Direito*. v. 19, n. 45, Set-Dez, 2022. p. 80.

Outros países, como França[140] e Chile,[141] consideraram a inclusão da proteção climática na suas respectivas Constituições, porém sem sucesso. No Brasil, há duas Propostas de Emenda Constitucional – PEC. De um lado, a PECs n. 233/2019 da Estabilidade Climática, a qual visa a incluir entre os "princípios da ordem econômica a manutenção da estabilidade climática e determina que o poder público deverá adotar ações de mitigação da mudança do clima e adaptação aos seus efeitos adversos", por meio do acréscimo do inciso X ao art. 170 e o inciso VIII ao §1° ao do art. 225, ambos da Constituição Federal, nos seguintes termos:

> Art. 170.
>
> X – manutenção da estabilidade climática, adotando ações de mitigação da mudança do clima e adaptação aos seus efeitos adversos.
>
> Art. 225. (...)

[139] CARVALHO, Délton Winter de. "Constitucionalismo Climático: A Tridimensionalidade do Direito das Mudanças Climáticas". *Veredas do Direito*. v. 19, n. 45, Set-Dez, 2022.

[140] MÉHEUT, Constant. "France Drops Plant o Enshrine Climate Fight in Constitution". *The New York Times*, 06/07/2021. Disponível em: https://www.nytimes.com/2021/07/06/world/europe/france-climate-change-constitution.html. Acesso em: 04 out. 2024.

[141] RODRIGUEZ, Sebastian. "Gigantic misses opertunity: Chile rejects green constitution". *Climate Home News*. 05/09/2024. Disponível em: https://www.climatechangenews.com/2022/09/05/gigantic-missed-opportunity-chile-rejects-green-constitution-faces-uncertainty/. Acesso em: 04 out.2024.

§ 1º.

VIII – adotar ações de mitigação da mudança do clima e adaptação aos seus efeitos adversos.

De outro lado, há a PEC n. 37/2021, frequentemente referida como a da segurança climática como um direito fundamental. Esta, por seu turno, propõe a alteração do *caput*, do art. 5°, acrescentar o inciso X ao art. 170, e o inciso VIII ao § 1°, do art. 225, CF, nos seguintes termos:

> Art. 5º. Todos são iguais perante a lei, sem distinção de qualquer natureza, garantindo-se aos brasileiros e aos estrangeiros residentes no País a inviolabilidade do direito à vida, à liberdade, à igualdade, à segurança, à propriedade, **ao meio ambiente ecologicamente equilibrado e à segurança climática**, nos termos seguintes. (...)
>
> Art. 170. (...)
>
> X – Manutenção da **segurança climática, com garantia de ações de mitigação** e adaptação às mudanças climáticas.
>
> Art. 225 (...)
>
> § 1º. (...)
>
> VIII – **adotar ações de mitigação às mudanças climáticas, e adaptação aos seus efeitos adversos**.

Apesar de não de tratar de uma cláusula climática direta, a Emenda Constitucional n° 132 de 2023 inseriu a previsão de um "regime fiscal favorecido para os biocombustíveis e para o hidrogênio de baixa emissão de carbono, na forma de lei complementar, a fim de assegurar-lhes tributação inferior à incidente sobre os combustíveis fósseis, capaz de garantir diferencial competitivo em relação a estes, especialmente em relação às contribuições de que tratam o art. 195, I, "b", IV, V, e o art. 239 e aos impostos a que se referem os arts. 155, II, e 156-A". Apesar do caráter direto da referida emenda constitucional ser fiscal, trata-se de um regime de inegável estímulo a alternativas aos combustíveis fósseis e de desestímulo a estes últimos, em razão da crise climática mundial.

Em nível transnacional, a Convenção-Quadro e o Acordo de Paris formam as bases do processo de constitucionalização da governança climática.[142] A imposição de novos problemas ambientais globais trazidos pelo Antropoceno, desencadeia a necessidade de uma transição constitucional, apta a lidar com tais desafios. Ante ausência de coercitividade do Direito Internacional e a dificuldade do direito doméstico em lidar com problemas globais, o *constitucionalismo global* passa a conceber um corpo coerente para lidar com os desafios impostos pela *justiça climática*.[143]

Inicialmente, textos constitucionais nacionais, textos normativos internacionais ou regionais, assim como decisões em cortes nacionais constitucionais, regionais e internacionais, começam a formar peças que, apesar de num primeiro momento mostrarem-se fragmentadas, logo, em um segundo, formam um corpo global integrado e coerente capaz de exercer uma influência recíproca entre países e suas cortes, num constitucionalismo climático de dimensão transnacional.

Este movimento evolutivo *trans*constitucional[144] direcionado à reflexão acerca da inclusão de direitos e deveres relacionados à estabilidade climática consiste em uma resposta jurídica aos efeitos deletérios das mudanças climáticas. Para James May e Erin Daly,[145] o constitucionalismo climático oferece ao menos dois ca-

---

142 JARIA-MANZANO, Jordi; BORRÀS, Susana. Introduction to the Research Handbook on Global Climate Constitutionalism. In: JARIA-MANZANO, Jordi; BORRÀS, Susana (Eds.). *Research Handbook on Global Climate Constitutionalism.* p. 1-17. Cheltenham (UK); Northampton (MA, USA): Edward Elgar Publishing, 2019, p. 10.

143 CARVALHO, Délton Winter de. Constitucionalismo Climático como fundamento transnacional aos litígios climáticos. *Revista de Direito Internacional.* v. 19, n. 1, Brasília: Uniceub, 2022, p. 192-205.

144 Sobre o transconstitucionalismo como um sistema jurídico mundial de níveis múltiplos, ver o trabalho precursor de NEVES, Marcelo. *Transconstitucionalismo.* São Paulo: Martins Fontes, 2009.

145 MAY, James R.; DALY, Erin. Global Climate Constitutionalism and Justice in the Courts. In: JARIA-MANZANO, Jordi; BORRÀS, Susana (Eds.). *Research Handbook on Global Climate Constitutionalism.* p. 235-245. Cheltenham (UK); Northampton (MA, USA): Edward Elgar Publishing, 2019, p. 240.

minhos adicionais para o avanço da *justiça climática*: a incorporação expressa das mudanças climáticas no texto constitucional ou a inferência de que outros direitos constitucionais expressos (vida, dignidade, devido processo e meio ambiente equilibrado) incorporam implicitamente obrigações que exigem respostas às mudanças climáticas.

A importância do constitucionalismo climático é permitir a absorção de aquisições evolutivas envolvendo elementos científicos e jurídicos transnacionais que sejam compatíveis e coerentes com a prática constitucional em nível nacional. Também, por se tratar de norma frequentemente aceita como de *status* superior e direcionada a uma determinada comunidade nacional ou subnacional, a Constituição e o seu texto desfrutam de uma perenidade e legitimidade perante as cortes. Desta maneira, o tratamento do conteúdo climático pela teoria constitucional tem como efeito fornecer a capacidade de seu tratamento ser mais acessível judicialmente, de ter maior capacidade de operacionalidade e maior aplicação prática local.

Como dito na Constituição norte-americana, a Constituição trata-se da lei suprema de uma terra (*The Supreme Law of the Land*).[146] O papel do constitucionalismo climático é, portanto, induzir o enfrentamento do fenômeno global das mudanças climáticas por meio de soluções (constitucionais) mais localizadas, oriundas de um *aprendizado transnacional* em prol de uma justiça climática. À expressão *justiça climática* atribuímos o sentido decorrente da forma pelas quais a mudança climática impactará direitos humanos básicos, exacerbando vulnerabilidades.

A forte adesão das cortes judiciais e o *status* destacado do texto constitucional nos sistemas jurídicos nacionais demonstra o potencial significativo que o

---

[146] Conforme disposto no artigo VI da Constituição dos Estados Unidos da América, de 1787.

constitucionalismo climático detém para desenhar respostas à justiça climática, a partir do desenho institucional do Estado de Direito, especialmente a partir do nível doméstico. Além disso, o maior atributo do constitucionalismo é servir de fundamento e sustentação para decisões em nível territorial nacional, direcionadas a solucionar conflitos climáticos referentes às circunstâncias particulares de cada país.[147] É a partir do constitucionalismo climático, como fenômeno transnacional, que há a formação de uma base mais sólida para uma sustentação cada vez mais efervescente dos litígios climáticos.

#### *2.3.2.1. Rights-turn: a virada da litigância climática em aproximação aos direitos humanos*

Como é amplamente conhecido, a litigância vem-se mostrando uma profícua estratégia de governança climática pela judicialização dos compromissos e metas assumidas em nível internacional e doméstico. Também não se trata de novidade o fato deste fenômeno consistir em um processo dinâmico e inovador que faz uso de instrumentos judiciais com o escopo de cobrar medidas necessárias para a mitigação, adaptação, riscos ou perdas e danos climáticos, a serem adotadas pelos governos ou atores privados. Como já demonstrado, as iniciativas ocorridas em cada país dialogam influenciando transnacionalmente umas às outras, despertando reflexões acerca da viabilidade e aderência destas estratégias em nível doméstico. Uma importante característica deste fenômeno emergente em plena efervescência é a utilização de instrumentos judiciais para lidar com os desafios trazidos pela mudança climática,

[147] MAY, James R.; DALY, Erin. Global Climate Constitutionalism and Justice in the Courts. *In*: JARIA-MANZANO, Jordi; BORRÀS, Susana (Eds.). *Research Handbook on Global Climate Constitutionalism.* p. 235-245. Cheltenham (UK); Northampton (MA, USA): Edward Elgar Publishing, 2019, p. 245.

permeando tais debates pela reinterpretação de conceitos jurídicos tradicionais.

Apesar de uma inegável fragmentariedade deste fenômeno, também é verdade que tais ações guardam relação e semelhanças por refletirem em última instância respostas jurídicas às informações e dados científicos climáticos. Num padrão mais recente, estas demandas judiciais climáticas vêm chamando a atenção para a relação direta entre as consequências da mudança do clima e seus efeitos deletérios (violação ou fragilização) aos direitos humanos. A esta aproximação histórica entre litígios climáticos e direitos humanos (*rights-based litigation*),[148] foi endossada e fortalecida pelo próprio texto contido no Preâmbulo do Acordo de Paris.[149]

Em nível global, a recente direção dos litígios climáticos apresenta um padrão estrutural que demanda judicialmente por medidas mitigatórias ou adaptativas (1) para atender aos *objetivos do regime climático* traçados pelo Acordo de Paris em 2015 (governança climática); (2) a partir dos conhecimentos científicos quantificáveis vigentes, trazidos pelo IPCC em seus Relatórios e Avaliações; (3) invocando as normas, molduras (*frameworks*) e mecanismos para a aplicação dos direitos humanos, a fim de responsabilizar juridicamente governos a cumprir com tais objetivos.[150]

---

[148] PEEL, Jacqueline; OSOFSKY, Hari M. A Rights Turn in Climate Change Litigation? *Transnational Environmental Law – TEL*, Cambridge, v. 7, n. 1, p. 37-67, dez. 2017, p. 37-67.

[149] "*Reconhecendo* que a mudança do clima é uma preocupação comum da humanidade, as Partes deverão, ao adotar medidas para enfrentar a mudança do clima, respeitar, promover e considerar suas respectivas obrigações em matéria de direitos humanos, direito à saúde, direitos dos povos indígenas, comunidades locais, migrantes, crianças, pessoas com deficiência e pessoas em situação de vulnerabilidade e o direito ao desenvolvimento, bem como a igualdade de gênero, o empoderamento das mulheres e a equidade intergeracional". (UNFCCC, 2015).

[150] RODRÍGUEZ-GARAVITO, César. Litigating the Climate Emergency: The Global Rise of Human Rights-Based Climate Litigation. In: RODRÍGUEZ-GARAVITO, César (Ed.). *Litigating the Climate Emergency:* How Human Rights, Courts, and Legal Mobilization Can Bolster Climate Action. César Rodríguez-Garavito (ed.). Cambridge: Cambridge University Press, 2023.

Passamos a enfrentar a seguir alguns casos emblemáticos para demonstrar a força tanto da virada dos litígios climáticos em direção aos direitos humanos assim como a importância de um constitucionalismo transnacional para sustentar um Estado de Direito capaz de enfrentar os desafios da justiça climática.

Este é o caso exatamente de *Leghari v. Paquistão,*[151] onde há uma importante transição da noção de *justiça ambiental* em direção de sua *dimensão climática*. De outro lado, em casos de litígios estratégicos não é raro o fato de que mesmo casos que não tenham sido julgados procedentes sejam capazes de servir de bases para iniciativas futuras bem como induzir mudanças de comportamentos, por indução.[152] E aí é que se encontra o caso de *Juliana v. USA*, que lançou luzes sobre o potencial de um *direito fundamental à estabilidade climática.* Finalmente, em *Neubauer v. Alemanha,* o prestigiado Tribunal Constitucional Federal apresenta uma reconfiguração da interpretação sobre os direitos fundamentais e os deveres de proteção ambiental sob a perspectiva intertemporal imposto pelas Mudanças Climáticas.

### *2.3.2.2. Leghari v. Paquistão (2015-2018): a reinterpretação dos direitos fundamentais ante os novos desafios da justiça climática*

O enfrentamento judicial da complexa questão climática deve ser analisado como um processo histórico, de superação da estratégia jurídica baseada exclusivamente na regulação de comando e controle. A aproxi-

---

p. 15-16; WEGENER, Lennart. Can the Paris Agreement Help Climate Change Litigation and Vice Versa? *Transnational Environmental Law – TEL*, Cambridge, v. 9, n. 1, jan, 2020, p. 17-36.

[151] Para acessar o inteiro teor, vide: PAKISTAN. Lahore High Court. Leghari v. Pakistan. (2015) W.P. N. 25501/201. Disponível em: <http://climatecasechart.com/climate-change-litigation/non-us-case/ashgar-leghari-v-federation-of-pakistan/>. Acesso em: 04 out. 2024.

[152] SMITH, Joseph; SHEARMAN, David. *Climate Change Litigation*. Australia: Presidian Legal Publications, 2006.

mação da questão climática e os direitos humanos vem na esteira evolutiva das conquistas da justiça social, num primeiro momento, devidamente seguidas por sua dimensão ambiental e, mais recentemente, climática. Como bem explica Randall S. Abate,[153] o *rights-based thinking* estava, até recentemente, adstrito ao domínio da justiça social. Neste período, a litigância estratégica usava direitos humanos para defesa dos *civil rights* e de ações afirmativas, a partir das bases da *justiça social*. Num segundo momento evolutivo do direito norte-americano, esta estratégia passou a ser ampliada para debates acerca da *justiça ambiental*.[154]

A fim de superar um sistema regulatório exclusivamente de comando e controle ambiental, a litigância de justiça ambiental (*environmental justice litigation*) inseriu a *rights-based theory*, visando a combater a exposição desproporcional de grupos mais vulneráveis à poluição[155] a partir da utilização dos direitos fundamentais. Neste curso histórico, a *justiça climática* traz esta análise para uma dimensão mais complexa, atual e ampla na análise e interpretação dos direitos fundamentais.

Este processo de transição de problemas de justiça ambiental para aqueles relacionados à climática, é objeto de atenção do caso *Leghari v. Paquistão*.[156] Ashgar Leghari, um agricultor paquistanês, ajuíza uma ação contra o Governo Federal do Paquistão, para cobrar a execução, pelo governo paquistanês, de sua Política Nacional de Mudança Climática do país, de 2012, assim como o respectivo Plano para sua implementação

---

[153] ABATE, Randall S. Atmospheric Trust Litigation: Foundation for a Constitutional Right to a Stable Climate System? *George Washington Journal of Energy & Environmental Law*, Washington, v. 10, n. 1, p. 33-38, 2019, p. 34.

[154] CARVALHO, Délton Winter de. Leghari *v.* Paquistão. In: Júlia Neiva; Gabriel Mantelli (orgs.). *Clima e Direitos Humanos*: vozes e ações. Conectas Direitos Humanos, 2021, p. 84-87.

[155] ABATE, Randall S. Atmospheric Trust Litigation: Foundation for a Constitutional Right to a Stable Climate System? *George Washington Journal of Energy & Environmental Law*, Washington, v. 10, n. 1, p. 33-38, 2019, p. 34.

[156] Idem.

(*Framework for Implementation of Climate Change Policy* – 2014-2030). Conforme constatado pela própria Corte de Apelação de Lahore, "nenhuma implementação prática ocorreu no local" até o momento do ajuizamento da ação pelo demandante. As razões do autor confrontavam a gravidade das mudanças climáticas e as vulnerabilidades locais (inundações extremas e secas frequentes) com a ausência de quaisquer estratégias governamentais para conservar a água ou movimento na direção de sementes resistentes ao calor, temendo o autor não ter condições de manter o seu sustento pela produção agrícola.

Em sua ação, *Leghari* postula que não implementação de tais instrumentos pelo governo acarretariam, em nível doméstico, na violação de seus direitos fundamentais, em especial o *direito à vida*, que inclui o direito a um meio ambiente sadio e equilibrado, assim como o *direito à dignidade da pessoa humana*. Para tanto, usa uma base argumentativa a partir dos princípios constitucionais da justiça social e econômica. Ainda, lança mão dos princípios de direito ambiental internacional, tais como desenvolvimento sustentável, princípio da precaução, estudo de impacto ambiental, equidade inter e intrageracional e na doutrina da confiança pública (*public trust doctrine*). Em decisão final ocorrida em 25/01/2018, a Corte julgou procedente a demanda de interesse público, a fim de assegurar que a ausência da implementação das políticas nacionais de mudança climática violava os direitos fundamentais dos cidadãos paquistaneses.

Sem adentrar em profundidade em toda a riqueza deste caso, destaca-se que para o *Chief Justice Syed Mansoor Ali Shah (Lahore High Court)*, enquanto a justiça ambiental tem uma abrangência mais local e restrita aos nossos próprios ecossistemas e biodiversidade, a dimensão climática desta consiste em uma reinterpretação da primeira. Assim, questões jurídicas climáticas envolvem um deslocamento necessário dos debates acerca de "uma questão ambiental linear", inerente às questões de justiça ambiental, em direção de um "problema global mais complexo",[157] que é a crise climática.

A justiça climática, portanto, "vincula direitos humanos e desenvolvimento para alcançar uma abordagem centrada no ser humano" e deve ser "informada pela ciência, responder à ciência e reconhecer a necessidade de uma gestão equitativa dos recursos do mundo".[158] Nota-se que em *Leghari* se atribui grande peso à ciência, como comunicação capaz de descrever os efeitos negativos do fenômeno das alterações climáticas. Além disso, neste caso, há uma *tradução* jurídica destas informações científicas para a constatação judicial de que a omissão governamental em adotar as devidas ações climáticas acarreta em violação a uma série de direitos fundamentais, como à vida e ao meio ambiente, à propriedade e à dignidade da pessoa humana. Nas palavras da decisão em *Leghari*, o esquema dos direitos constitucionais, na atualidade, deve ser "projetado para atender às necessidades de algo mais urgente e poderoso, i.e., as Mudanças Climáticas".[159]

*Sob o ponto de vista procedimental*, pode-se observar que *Leghari v. Paquistão* se trata de um *processo constitucional-estrutural*.[160] Como já referido, a ação decorre do fato de que, apesar de ter formulado uma Política Nacional de Mudança Climática e um Quadro de Implementação, o Tribunal concluiu que não havia qualquer

---

[157] SABIN CENTER FOR CLIMATE CHANGE LAW. Columbia University. Ashgar Leghari v. Federation of Pakistan (Lahore High Court Green Bench 2015). Judgment. Item n. 21. Acesso em 04/04/2024. Disponível em https://climatecasechart.com/non-us-case/ashgar-leghari-v-federation-of-pakistan/#:~:text=Federation%20of%20Pakistan,-Filing%20Date%3A%202015&text=Summary%3A,Policy%20(2014%2D2030).>. Acesso em: 10 abr. 2024, p. 22.

[158] Idem.

[159] Idem, p. 11.

[160] Sobre o Processo Estrutural, vide: VITORELLI, Edilson. *Processo Civil Estrutural: teoria e prática.* Salvador: JusPodium, 2020; DIDIER JR., Fredie; ZANETI JR; OLIVEIRA, Rafael Alexandria de. "Elementos para uma Teoria do Processo Estrutural aplicada ao Processo Civil Brasileiro". *Revista de Processo.* v. 303, maio, 2020, p. 45-81.

implementação até o momento do ajuizamento da ação. Durante o processo, com o escopo de supervisionar a execução da referida Política Climática, o Tribunal instruiu vários ministérios do governo a indicarem pontos focais para garantir a implementação do Quadro e listar pontos de ação.

Além disso, a Corte criou uma Comissão para as Alterações Climáticas, composta pelos principais ministérios do Governo, ONGs e cientistas com a finalidade de monitorar o progresso obtido pelo Governo na implantação do Quadro ao longo do feito. Em 2015, o Tribunal proferiu decisão complementar nomeando 21 pessoas para a Comissão, atribuindo-lhe diversos poderes. Em 2018, o Tribunal fez constar que, em face das medidas adotadas pelo juízo, observou-se que 66% das ações prioritárias do Quadro de Implementação da Política de Mudanças Climáticas foram implementadas. Ao final da ação, o Tribunal dissolveu a comissão criada provisoriamente, porém, constituiu uma comissão permanente com a finalidade de seguir monitorando a implementação do Quadro, estabelecendo assim uma *medida estrutural* de monitoramento da implementação do Quadro que vincula o próprio Tribunal e o Executivo.

#### 2.3.2.3. *Juliana v. USA (2015 até o presente): o direito fundamental à estabilidade climática*

Neste curso histórico, foi *Juliana v. USA*[161] a ação climática que ganhou grande holofote ao propor a viabilidade constitucional de defesa de *um direito fundamental a um sistema climático estável*. Para os autores, 21 jovens norte-americanos, as políticas e programas

[161] *Para acessar o inteiro teor da ação, vide:* UNITED STATES (a). Supreme Court of the United States. Kelsey Cascadia Rose Juliana et al., v. United States of America et al. 947 F. 3d 1159 (9th Cir. 2020). Disponível em: <http://climatecasechart.com/climate-change-litigation/case/juliana-v-united-states/>. Acesso em: 14 abr. 2024.

governamentais de fomento ao uso de combustíveis fósseis violaram seus direitos constitucionais à vida, à liberdade, à propriedade, à proteção igualitária (*equal protection*), e aos recursos dados em confiança pela comunidade à administração (*public trust resources*).[162]

Em síntese, os autores afirmam que o governo federal, ao autorizar, financiar e executar políticas e programas que causam ou contribuem para um "sistema climático instável", afeta negativamente a liberdade ordenada assegurada pela Constituição dos EUA. Merece destaque no *case Juliana v. USA* que, apesar de seu revés em nível recursal pela falta de judicialidade (*justiciability*),[163] esta causa, ainda pendente de decisão final, representa um marco, sobretudo no conteúdo da decisão histórica da Juíza da Corte Distrital do Oregon, Ann Aiken.

Por entender que a *instabilidade climática* afeta os direitos fundamentais, em especial os de liberdade, a juíza acatou a alegação dos autores a fim de adotar o padrão mais exigente de escrutínio de políticas governamentais que possam estar violando direitos fundamentais.[164] Fazendo uso da noção de liberdade (*ordered liberty*) como um direito fundamental a partir da *substantive due process clause* em *Obergefell v. Hodges*,[165] a

---

[162] MAY, James R.; DALY, Erin. Can the U.S. Constitution Accommodate a Right to a Stable Climate? (Yes, it can). *UCLA Journal of Environmental Law & Policy*, Los Angeles, p. 1-26, set. 2020, p. 02.

[163] UNITED STATES. Supreme Court of the United States. Kelsey Cascadia Rose Juliana et al., v. United States of America *et al.* 947 F. 3d 1159 (9th Cir. 2020). Disponível em: <http://climatecasechart.com/climate-change-litigation/case/juliana-v-united-states/>. Acesso em: 10 jun. 2023.

[164] MANK, Bradford C. Does the Envolving Concept of Due Process in Obergefell Justify Judicial Regulation of Greenhouse Gases and Climate Change?: Juliana v. United States. *UC Davis Law Review*, Davis, v. 52, p. 855-903, dez. 2018. *In:* UNITED STATES. Supreme Court of the United States. Kelsey Cascadia Rose Juliana et al., v. United States of America et al. 947 F. 3d 1159 (9th Cir. 2020).

[165] UNITED STATES. Supreme Court of the United States. Obergefell *et al.* v. Hodges, Director, Ohio Department of Health, *et al.* 576 F. 3d 1298 (6th Cir. 2015). Disponível em: <https://www.supremecourt.gov/opinions/14pdf/14-556_3204.pdf>. Acesso em: 10 jun. 2023.

decisão prolatou que "ao exercer meu julgamento fundamentado não tenho dúvidas de que o direito a um sistema climático capaz de sustentar a vida humana é fundamental para uma sociedade livre e ordenada".[166] Segundo esta, as ações governamentais que danificam o sistema climático, são capazes de comprometer direitos fundamentais, tais como a vida, a liberdade e a propriedade, protegidas constitucionalmente sob a égide da cláusula do devido processo substancial (*substantial due process clause*).

A Juíza da Corte Distrital entendeu, ainda, pela existência de um direito fundamental ao sistema climático estável, sob o argumento de que direitos fundamentais podem ser aqueles enumerados na Constituição, assim como aqueles que, apesar de não estarem previstos expressamente, são (1) "profundamente enraizados na história e tradução desta nação" ou (2) "fundamentais para o nosso esquema de liberalidade ordenada".[167] [168] Isto é, mesmo em uma tradição jurídica que analisa os direitos fundamentais a partir de uma perspectiva eminentemente individualista, como é o caso da tradição constitucional norte-americana, a sua reflexão a partir dos desafios impostos para mudança climática foi capaz de trazer à tona a convicção judicial de que "o direito a um sistema climático estável capaz de susten-

---

[166] UNITED STATES. Supreme Court of the United States. Kelsey Cascadia Rose Juliana et al., v. United States of America et al. 947 F. 3d 1159 (9th Cir. 2020).

[167] Texto original: "Fundamental liberty rights include both rights enumerated elsewhere in the Constitution and rights and liberties which are either (1) "deeply rooted in this Nation's history and tradition" or (2) "fundamental to our scheme of ordered libe1ty[.]" UNITED STATES. Supreme Court of the United States. Kelsey Cascadia Rose Juliana et al., v. United States of America et al. 947 F. 3d 1159 (9th Cir. 2020). p. 32. Disponível em: <http://climatecasechart.com/climate-change-litigation/case/juliana-v-united-states/>. Acesso em: 10 jun. 2023, p. 32.

[168] A corroborar com a análise deste argumento, vide: NOVAK, Scott. The Role of Courts in Remedying Climate Chaos: Transcending Judicial Nihilism and Taking Survival Seriously. The Georgetown Environmental Law Review, Washington, v. 32, n. 743, p. 743-778, 2020.

tar a vida humana é fundamental para uma sociedade livre e ordenada".[169]

Apesar da decisão ter sido revertida em nível recursal, o presente caso é considerado um marco na litigância climática mundial pelas reflexões trazidas acerca de um possível direito fundamental ao clima estável e seguro. Importante destacar que a tutela jurídica ambiental e climática enfrenta desafios e obstáculos para uma maior implementação no sistema americano em razão da sua falta de um suporte constitucional. Como bem descrito por Richard Lazarus, "o direito constitucional, portanto, baseia-se na liberdade individual contra a intrusão governamental".[170] Esta centralidade ou "preferência constitucional" pelos direitos de liberdade, por evidente, dificulta uma concretização mais ambiciosa dos interesses de ordem transindividual quando em conflito com direitos individuais.

#### *2.3.2.4. Neubauer et al. v. Alemanha (2020-2021): garantias intertemporais de liberdade*

Em 29 de abril de 2021, o Tribunal Constitucional Federal Alemão (*Bundesverfassungsgericht – BverfG*) julgou caso climático decorrente de quatro reclamações constitucionais de autores distintos, formados por grupo de jovens alemães, grupo de jovens alemães residentes em outros países (Nepal e Bangladesh), residentes em localidades costeiras, entre outros. O objeto das reclamações era a declaração de inconstitucionalidade da Lei Federal de Proteção do Clima (*Klimaschutzgesetz – KSG*) de 2019 por não atender suficientemente à meta do Acordo de Paris no sentido de evitar o aumento das temperaturas globais "bem

---

[169] UNITED STATES. United States District Court. District of Oregon. Eugene Division. Kelsey Cascadia Rose Juliana *et al.*, *v.* United States of America *et al*. Opinion and Order. AIKEN, Judge Ann. 54 F. Case No. 6:15-cv-01517-TC. 2016b, p. 34.

[170] LAZARUS, Richard. *The Making of Environmental Law*. Chicago: University of Chicago Press, 2006. p. 38.

abaixo" de 2°C. As demandas postularam que a meta legal, de reduzir os gases do efeito estufa em 55% até 2030 em relação aos níveis de 1990 e delegar de forma imprecisa ao executivo o processo de descarbonização pós-2030 até 2050 (quando deveria atingir a neutralidade climática), violaria os direitos fundamentais dos autores, em especial da direito à vida e à integridade física art. 2(2), conjugado com o dever estatal de proteção do meio ambiente, este previsto no art. 20a, todos da Constituição alemã.

A Corte entendeu preliminarmente que o clima está albergado no dever constitucional estatal de proteção ambiental determinado pelo art. 20a. No julgamento, ficou consagrado que o dever constitucional de proteção ambiental compreende a garantia a um "mínimo existencial ecológico"[171] que, por seu turno, prevê um dever de proteger a vida, a saúde e o patrimônio das pessoas contra riscos decorrentes das mudanças climáticas e dos eventos climáticos extremos.[172]

Segundo a decisão, a meta estabelecida pela Lei de Proteção do Clima violaria tais direitos fundamentais (proteção à vida e à inviolabilidade corporal englobando a proteção contra danos causados pela poluição) e especialmente o dever do Estado de proteção ambiental, incluídos aqui o dever de proteção à vida e à saúde contra riscos apresentados pelas mudanças climáticas.

A partir de uma *dimensão internacional* do dever constitucional de proteção ambiental (art. 20a), a meta estabelecida pela Lei de Proteção do Clima violaria tais direitos fundamentais, assim como o dever do Estado de proteção ambiental, ao não atender à ambição do

---

[171] Nos termos da decisão: "Ecological minimum standard of living" e "right to a future consistente with human dignity", isto é, um "padrão de vida ecológico mínimo" e "um direito a um futuro consistente com a dignidade humana".

[172] Digno de destaque que no Direito Constitucional Alemão, diversamente do que se interpreta no Direito Constitucional Ambiental pátrio em relação ao 225 CF, o art. 20a não atribui um direito subjetivo individual, mas tão somente um dever de proteção objetiva por parte do Estado.

Acordo de Paris 2015 em limitar o aquecimento do planeta em até 2ºC, envidando esforços para limitar este em 1,5ºC. Assim, *nota-se que o cumprimento da meta climática do Acordo de Paris foi considerado pelo Tribunal como um mandato de natureza constitucional, abrangida pelo texto normativo do art. 20a.*

Sob o ponto de vista da Separação de Poderes, a decisão estabelece que "o legislador não é inteiramente livre na forma como especifica a obrigação de levar em conta as alterações climáticas, a partir do art. 20a. Assim, há um dever de cuidado imposto ao legislador sempre que houver riscos de danos sérios ou irreversíveis às futuras gerações, desde que tais indicações sejam suficientemente confiáveis".[173] No entanto, com o alvo de temperatura contido no Acordo de Paris e depois explicitamente escolhido para a Lei de Proteção do Clima, o legislador está atualmente operando dentro da "margem de manobra",[174] uma vez que a Lei previa um parâmetro de elevação em 1,75ºC. Contudo, a sua distribuição intertemporal violou os direitos fundamentais dos jovens e futuras gerações.

O tribunal, assim, concluiu no sentido de que o art. 20a não apenas obriga o legislador a proteger o clima e atingir a neutralidade climática, como "também diz respeito à forma como os encargos ambientais são repartidos entre as diferentes gerações". Portanto, a Lei de Proteção do Clima não satisfaz ao Princípio da Proporcionalidade, ao fazer uma redução pouco ambiciosa e gradual das emissões, relegando uma redução desproporcional das emissões para o período pós-2030. Tomando em consideração que o exercício das liberdades envolve as emissões de gases do efeito estufa, a

---

[173] SABIN CENTER FOR CLIMATE CHANGE LAW. Columbia University. Neubauer *et al.* v. Germany. *Order*. Disponível em: https://climatecasechart.com/wp-content/uploads/non-us-case-documents/2021/20210324_11817_order-1.pdf. Acesso em: 17 abr. 2024, p. 68.

[174] Idem, p. 63.

distribuição das restrições deve-se dar de forma proporcional.

A transferência unilateral, pelas presentes gerações, do ônus drástico da redução das emissões, ensejaria uma evidente violação dos direitos de liberdade das gerações futuras, naquilo que a corte denominou de "garantias intertemporais de liberdade" (*Intertemporale Freiheitssicherung/intertemporal garantees of freedom*).[175] Pela primeira vez em sua influente e prestigiada história, o Tribunal Constitucional Federal Alemão prolatou que "em sua dimensão subjetiva, os direitos fundamentais – como garantias intertemporais de liberdade – proporcionam proteção contra os encargos de redução de gases do efeito estufa impostos pelo art. 20a da Lei Fundamental, sendo unilateralmente transferido para o futuro".[176] Para tanto, explica que "[s]ob certas condições a Lei Fundamental impõe a obrigação de salvaguardar a liberdade fundamental ao longo do tempo e distribuir as oportunidades associadas à liberdade de forma proporcional entre as gerações".[177]

Para o Tribunal, as disposições que permitem estas emissões de gases do efeito estufa constituem uma ameaça irreversível à liberdade futura, pois ocasionam a diminuição do "orçamento" de carbono do país. A cada quantidade de $CO_2$ que hoje é permitida, reduzem-se as futuras possibilidades de emissão. Há, assim, uma desproporcionalidade do ônus imposto às gerações futuras em relação às atuais no que diz respeito aos seus direitos de liberdades, constantemente vinculados às emissões de gases do efeito estufa.

---

[175] SABIN CENTER FOR CLIMATE CHANGE LAW. Columbia University. Neubauer *et al. v.* Germany. *Order*. Disponível em: https://climatecasechart.com/wp-content/uploads/non-us-case-documents/2021/20210324_11817_order-1.pdf. Acesso em: 17 abr. 2024, p. 53-58.

[176] Idem, p. 2; p. 54; BUNDERVERFASSUNGSGERICHT. *Decisions*. 1 BvR 2656/18; 1 BvR 78/20; 1 BvR 96/20; 1 BvR 288/20. Disponível em: https://www.bverfg.de/e/rs20210324_1bvr265618en.html. Acesso em: 15 abr. 2024.

[177] SABIN CENTER FOR CLIMATE CHANGE LAW. Columbia University. Neubauer et al. v. Germany. *Order*. Idem, p. 54.

Conforme referido pelos autores de uma das reclamações constitucionais (Linus Jonathan Steinmetz *et al.*):

> Isso significa que as emissões de $CO_2$ em 2030 ainda estarão num nível tão elevado (um total de aproximadamente 540 milhões de toneladas de $CO_2e$ = 459 milhões de toneladas de $CO_2$) que a ultrapassagem do orçamento de $CO_2$ restante só poderia ser evitada travando totalmente as emissões. Se a ação política do legislador federal e do governo federal visassem alcançar apenas reduções relativamente administráveis até 2030, mas depois fazer reduções extensas a partir de 2030, estas seriam equivalentes a um freio total, sendo necessária a introdução de regulamentações legais apropriadas agora.[178] (tradução do autor)

Ao se reportar a esta provável necessidade futura de parada abrupta e radical das emissões, Remo Klinger, advogado em uma das reclamações constitucionais, menciona o risco de "*lockdown* climático".[179] A expressão é utilizada para demonstrar a necessidade de uma maior ambição climática no presente, sob pena de um *lockdown* climático no futuro, em evidente referência às restrições a liberdades ocorridas durante a pandemia da Covid-19. No julgado, o argumento geral do Tribunal faz-se no sentido de que se a Alemanha fizer muito pouco para proteger o clima agora, pode-se esperar que as liberdades civis dos cidadãos sejam restringidas drasticamente no futuro, concluindo que esta restrição da liberdade constitui uma violação dos direitos fundamentais.

O Tribunal ordenou ao Legislativo que este estabelecesse até o final de 2022 disposições claras para metas de redução a partir de 2031. *Como resultado prático imediato da decisão,* os legisladores federais aprovaram um projeto de lei aprovando uma Lei da Proteção do Clima adaptada que exige, no mínimo, uma redução de 65% dos gases do efeito estufa, em comparação com

---

178 Linus Steinmetz *et al. Verfassungsbeschwerde*, p. 117.

179 KLINGER, Remo. Case Neubauer et. al. v. Germany. *Aula Magna do Seminário Direito e Governança Ambiental.* (Prof. Dr. Délton Winter de Carvalho). São Leopoldo: PPGDir UNISINOS, 05 out. 2021.

os níveis de 1990, até 2030, e uma redução de 88%, até 2040. Da mesma forma, a nova lei prevê uma meta de *neutralidade climática* para 2045, ao invés de 2050, como anteriormente previsto. Esta alteração legislativa entrou em vigor em agosto de 2021, demonstrando uma resposta rápida tanto do Executivo, que encaminhou a proposta legislativa, quanto do Legislativo, à decisão do tribunal em *Neubauer*.

As incertezas em relação às emissões e ao futuro exaurimento do orçamento de carbono ensejam uma postura precaucional, impondo ao legislador uma maior cautela (Princípio da Precaução) em relação à imposição de maiores restrições às emissões permitidas até 2030, a fim de proteger os direitos fundamentais das futuras gerações (pós-2030).

Em síntese conclusiva, chama-se atenção para o fato de que, para o Tribunal Federal Alemão, o clima está abrangido no dever objetivo estatal de proteção ambiental assim como pode ensejar um direito subjetivo fundamental em relação ao mínimo existencial ecológico que, por seu turno, repercute em direitos de liberdade. Em virtude da amplitude temporal dos riscos impostos pelas mudanças climáticas, justifica-se a chamada *garantia intertemporal de direitos de liberdade*, que consiste em uma análise de tais direitos fundamentais, colocada em perspectiva intergeracional.

Interessante notar que, até então, o Princípio da Equidade Intergeracional era utilizado frequentemente como justificativa constitucional para a imposição de *deveres intergeracionais às presentes gerações*, a partir da dimensão objetiva do direito fundamental ao meio ambiente ecologicamente equilibrado, em sua dimensão transindividual e comunitária. Servia este princípio como fator de imposição de restrições às liberdades, justificado pela tutela objetiva às futuras gerações.

Contudo, para a decisão em *Neubauer v. Alemanha*, os próprios direitos de liberdade dos jovens ou mesmo os interesses das futuras gerações propriamente ditas sofrerão restrições desproporcionais no exercício de seus direitos fundamentais de liberdade, se comparados aos encargos impostos às presentes gerações. Assim, a decisão coloca em *perspectiva intergeracional* os próprios direitos subjetivos fundamentais de liberdade, postulando um necessário equilíbrio, uma proporcionalidade dos encargos e uma justiça intergeracional.

### 2.3.2.5. *Held et al. v. State of Montana (2020 - 2024): o papel das Constituições Estaduais, seus deveres de cuidado e a importância da mitigação local*

Em 13 de março de 2020, 16 jovens moradores do Estado de Montana, nos EUA, ajuizaram uma ação contra o Estado de Montana alegando que o réu violou os seus direitos a *um ambiente limpo e saudável* previsto na Constituição Estadual. Em sua ação, os jovens arguiram que as disposições da Política Energética de Montana promoviam o consumo e a exploração de combustíveis fósseis, exacerbando as mudanças climáticas. Da mesma forma, contestaram uma disposição legal da Política Ambiental de Montana (MEPA) que "proíbe o Estado e os seus agentes de tomarem em consideração os impactos das emissões de gases do efeito estufa ou as mudanças climáticas" em qualquer análise de impacto ambiental como condição para o licenciamento ambiental de projetos de energia.[180]

Os jovens demandantes também arguiram os impactos agregados que possam ter resultado da Política Energética do Estado. Postularam ainda uma medida cautelar (*injuction*) para impedir que Montana e seus agentes continuassem a agir em conformidade com a sua política energética. Em sua inicial, os jovens autores requereram que o Estado fosse compelido a contabilizar

[180] SABIN CENTER FOR CLIMATE CHANGE LAW. Columbia University. *Held v. State*. Complaint. Disponível em: https://climatecasechart.com/case/11091/. Acesso em: 14 out. 2024.

as emissões de gases do efeito estufa em todo o Estado e a preparar um "Plano Corretivo" (*Remedial Plan*), com a finalidade de diminuir suas emissões. Finalmente, os autores postularam uma declaração judicial de que as disposições da Política Ambiental de Montana (MEPA) e os impactos desta decorrentes, seriam inconstitucionais frente à Constituição Estadual.

Em 14/08/2023, a ação foi julgada procedente em primeiro grau pela Juíza Kathy Seeley, da Primeira Corte Distrital da Justiça de Montana, no sentido de que tais provisões da Política Energética haviam violado a Constituição Estadual no que diz respeito à provisão de um direito ao meio ambiente limpo e saudável.[181] A decisão chamou atenção para o "consenso científico esmagador" de que as atividades humanas e as emissões de gases do efeito estufa têm causado o aquecimento global, e que o consumo de combustíveis fósseis tem causado o aumento das temperaturas em Montana.

A Juíza também entendeu que, pelo consumo de combustíveis fósseis decorrentes das limitações estabelecidas na MEPA, o sistema climático e, por consequência, os cidadãos de Montana, sofreram uma degradação inconstitucional. Finalmente, ficou previsto na decisão que o Estado de Montana tem um dever constitucional positivo (afirmativo) de proteger o direito *ao meio ambiente limpo e saudável* dos autores e os recursos naturais de degradação injustificável. O julgado de primeira instância considerou, ainda, que os autores têm direito ao meio ambiente saudável, "o que inclui o clima, como parte do sistema ambiental de suporte à vida".[182] Após a decisão de primeiro grau, o Procurador-Geral do Estado de Montana apelou da decisão à Suprema Corte de Montana, ainda estando o caso sob a apreciação desta.

[181] SABIN CENTER FOR CLIMATE CHANGE LAW. Columbia University. *Held v. State*. Order. Disponível em: https://climatecasechart.com/case/11091/. Acesso em: 14 out. 2024.

[182] Idem.

Em 18/12/2024, a Suprema Corte do Estado de Montana confirmou a decisão de primeiro grau, entendendo que a lei estadual que restringe as considerações acerca das mudanças climáticas em análises ambientais pelo Estado e seus agentes viola o direito constitucional dos jovens autores a um ambiente limpo e sadio. Para tanto, a decisão considerou que o sistema climático estável está claramente dentro do objeto e dos verdadeiros princípios do direito ao meio ambiente limpo e sadio incluído pelos constituintes estaduais. Segundo a decisão, o direito ao meio ambiente limpo e sadio se trata de um direito "prospectivo e preventivo", podendo ser aplicado a poluentes inexistentes ou não totalmente compreendidos à época da Constituição de Montana, em 1972.

Ainda, no que toca a legitimidade dos jovens autores, o tribunal decidiu que os autores tiveram êxito em demonstrar interesse pessoal suficiente na tutela do seu direito inalienável ao meio ambiente limpo e sadio, ante a demonstração robusta dos danos graves e irreversíveis causados pelas mudanças climáticas ao meio ambiente de Montana e a alegação de que a lei em questão violaria este direito (ao proibir considerações sobre as mudanças climáticas pelo Estado e seus agentes em suas análises de impacto ambiental). Para o voto dissidente, os autores não tinham legitimidade ativa (*standing*) pelo fato destes terem alegado um dano abstrato que não é passível de distinção daquele causado ao público como um todo, não sendo individualizável aos autores. Além disso, entendeu o voto dissidente não ter havido a demonstração de que as restrições da lei em questão causaram um dano constitucional.[183]

Um importante aprendizado de *Held* é que, ao invés de enfatizar os desafiadores debates judiciais e as provas de causalidade pela ciência da atribuição, necessária em litígios de responsabilidade civil por dano

[183] SABIN CENTER FOR CLIMATE CHANGE LAW. Columbia University. *Held v. State*. Opinion. Disponível em: https://climatecasechart.com/case/11091/. Acesso em: 11/05/2025.

climático, a abordagem constitucional enaltece a dimensão dos deveres de cuidado emanados das provisões constitucionais.[184] Ainda, apesar das mudanças climáticas se tratarem de uma questão de danos globais, essas podem ser enfrentadas e mitigadas em nível local, a partir de esforços e sob a orientação das provisões constitucionais locais.[185]

#### *2.3.2.6. In re Hawai'i Electric Light Co. (2017-2023): a implementação do estado de direito climático (climate rule of law)*

Em 2017, Hu Honua entrou com a presente ação contra decisão da Comissão de Serviços Públicos contrária a uma proposta de Contrato de Compra de Energia entre as empresas Hu Honua e a Hawai'i Electric Light Company. As empresas pretendiam desenvolver uma central elétrica de biomassa, na qual a Hu Honua queimaria biomassa (principalmente árvores de eucalipto cultivadas localmente) para produzir energia, e a Hawai'i Electric Light Company compraria esta energia. A comissão emitiu uma série de decisões a partir de 2017, rejeitando finalmente o Contrato de Compra de Energia entre as empresas, face a um critério de equilíbrio do negócio frente ao interesse público, levando em consideração as emissões de gases do efeito estufa que o projeto ocasionaria (aproximadamente 8.000.000 de metros de toneladas de $CO_2$ em 30 anos). Hu Honua, portanto, judicializou a matéria, levando-a à Suprema Corte do Estado do Havaí.

Em uma decisão histórica em 13/03/2023, a Suprema Corte do Havaí rejeitou os argumentos da Hu Honua. Para a decisão da maioria, a previsão expressa na Constituição havaiana do direito a um meio ambiente limpo e saudável (art. XI, seção 9: "Cada pessoa tem

---

[184] HELD *v.* STATE. *Harvard Law Review*. v. 137, p. 1498.

[185] Idem, p. 1497.

direito a um ambiente limpo e saudável") abrange o direito a "um sistema climático sustentador da vida" (*right to a life-sustaining climate system*).[186] Para a corte, este não seria apenas um direito afirmativo, mas um direito evolução,[187] rompendo com a corrente constitucional norte-americana originalista. A decisão ainda cita que o povo do Havaí declarou emergência climática e que reconheceu as significativas ameaças trazidas pelas mudanças climáticas para a sobrevivência cultural e econômica do Havaí, tais como: o aumento do nível do mar; a erosão costeira e as inundações; o aquecimento e a acidificação dos oceanos; o branqueamento dos corais e a devastação da vida marinha; a maior frequência e intensidade das secas e tempestades. Desta forma, a maioria rechaçou a pretensão da empresa de energia autora. Contudo, foi o voto dissidente (*concurring opinion*) que mais ganhou a atenção por sua ambição, fundamentação jurídica e embasamento científico.

O voto vogal do *Justice* Wilson foi ainda mais enfático acerca das obrigações constitucionais da Comissão, afirmando preliminarmente que as mudanças climáticas são uma "emergência *sui generis*: sendo a maior ameaça já enfrentada ao ambiente natural e às sociedades humanas".[188]

Em seu voto vogal, este acompanhou o voto da maioria, concordando que a decisão da Comissão era consistente com o dever constitucional de proteger o direito dos havaianos *a um meio ambiente limpo e sadio*, que, por seu turno, compreende o direito a "um sistema climático sustentador da vida". Porém, o voto vogal de Wilson vai além, ao enfatizar que as mudanças climáticas são uma questão de direitos humanos no seu cerne, não apenas afetando de forma especial os jovens e as

[186] HAWAI'I SUPREME COURT. *In re Hawai'i Electric Light Co.* Opinion of the Court, p. 16 e 18.

[187] Idem, p. 18.

[188] HAWAI'I SUPREME COURT. *In re Hawai'i Electric Light Co.* Concurring Opinion, p. 6.

futuras gerações, mas também provocando uma profunda e desproporcional injustiça ambiental aos povos nativos.[189]

Indo mais uma vez além do voto majoritário, o *Justice* também entende, rejeitando o originalismo constitucional norte-americano (forte metodologia hermenêutica nos EUA), que o Estado do Havaí tem o dever de limitar as emissões de gases do efeito estufa em razão do devido processo legal (*due process clause*), que garante que o Estado não vai privar a pessoa da "vida, liberdade ou propriedade sem o devido processo legal" (artigo 1, seção 5). Para tanto, faz uma releitura do *due process clause* a partir da crise climática e sua repercussão negativa na vida, liberdade e propriedade das pessoas. Desta maneira, a interpretação se desprende da intenção dos constituintes e o entendimento original da Constituição, no momento de sua adoção. De tal forma, a interpretação constitucional se deu a partir de uma noção de constituição viva, de forma que a interpretação do texto constitucional deve evoluir com a sociedade e moldar os novos conflitos.

Em seu voto, o *Justice* Wilson é o primeiro julgador a chamar atenção que as metas do Acordo de Paris (1,5ºC – 2ºC acima dos níveis pré-industrais) são inaceitáveis, resumindo-se a um consenso político. Para tanto, manifesta que as emissões devem se basear na melhor ciência disponível e que o consenso científico está em oposição ao político obtido no Acordo de Paris. De tal forma, entende que a meta de mitigação deve ser consistente com um limite de 350 partículas por milhão (ppm) de $CO_2$ até 2100, em detrimento da previsão da meta em temperatura, como no Acordo de Paris.

A redução das emissões deve alinhar-se com este padrão científico e, por consequência, este é o parâmetro constitucional do dever de garantir um meio am-

---

[189] HAWAI'I SUPREME COURT. *In re Hawai'i Electric Light Co.* Concurring Opinion, p. 15.

biente limpo e sadio. Ao contrário, um aumento das temperaturas conforme admitido pelo Acordo de Paris levará a "graves danos humanos". Em seu voto, o *Justice* Wilson ainda entende que a adoção do Acordo de Paris como padrão constitucional violará direitos fundamentais, tolerando um aumento da temperatura, quando os atuais já se mostram perigosos. Portanto, ao invés de basear as metas em aumento da temperatura, como Paris, as decisões devem estar centradas no nível de concentração de gases na atmosfera compatível com um sistema climático garantidor da vida.

Ao referir criticamente o resultado do Caso *Juliana v. EUA* e a falha das cortes federais em responder adequadamente aos casos climáticos, este diz que está cabendo às cortes estaduais a "implementação do Estado de Direito Climático" (*"climate rule of law"*).[190]

### 2.4. *O Sistema Interamericano de Direitos Humanos e os deveres climáticos dos Estados*

No cenário brasileiro, já há manifestações do Constitucionalismo Climático, dentre elas destacaremos aqueles que, particularmente, entende-se até o presente os maiores precedentes climáticos do país, a ADPF 708 (caso Fundo Clima) e a decisão interlocutória do TRF4 na ação civil pública climática do *IEA v. Brasil*.

Antes de se adentrar na relevância histórica destes dois julgados tanto para a próxima geração de litígios climáticos assim como para a definição da ação governamental de combate às mudanças climáticas como imperativo constitucional, supralegal e mesmo legal, cabe destacar o importante papel desenvolvido pelas decisões e opiniões consultivas da *Corte Interamericana de Direitos Humanos – Corte IDH* – nas decisões tomadas no Poder Judiciário brasileiro.

---

[190] HAWAI'I SUPREME COURT. *In re Hawai'i Electric Light Co.* Opinion of the Court, p. 22

Preliminarmente, cumpre mencionar que, notadamente a partir de 2017, a Corte IDH vem reconhecendo a *justiciabilidade direta* dos Direitos Econômicos, Sociais, Culturais e Ambientais (DESCA), a partir da mais recente interpretação do art. 26[191] da Convenção Americana sobre Direitos Humanos de 1969 combinado do o art. 11[192] do Protocolo de San Salvador de 1999. A consolidação da justiciabilidade dos DESCA remete a uma construção jurisprudencial da corte[193] a partir dos casos *Acevedo Buendía y otros v. Perú* de 2009, afirmando a competência para se pronunciar sobre o art. 26 da CADH; *Lagos del Campo vs Perú* de 2017, tratando-se da primeira declaração de violações laborais a partir do art. 26 da CADH; *Cuscul Pivaral y otros v. Guatemala* de 2018, com o reconhecimento da mudança jurisprudencial em favor da justiciabilidade dos DESCA; *Lhaka Honhat v. Argentina* de 2020, que reconheceu o art. 26 da CADH como fundamento para participar de uma vida cultural, a usufruir do direito ao meio ambiente sadio, o direito à alimentação adequada e o direito de acesso à água.

A consolidação do entendimento de que o meio ambiente saudável é um direito autônomo e dotado de *justiciabilidade direta* pela Corte IDH, e que a atmosfera é um componente natural do nosso ambiente global, leva à conclusão de que o sistema climático estável passa a

---

[191] Art. 26. Os Estados Partes comprometem-se a adotar providências, tanto no âmbito interno como mediante cooperação internacional, especialmente econômica e técnica, a fim de conseguir progressivamente a plena efetividade dos direitos que decorrem das normas econômicas, sociais e sobre educação, ciência e cultura, constantes da Carta da Organização dos Estados Americanos, reformada pelo Protocolo de Buenos Aires, na medida dos recursos disponíveis, por via legislativa ou por outros meios apropriados.

[192] Art. 11. Toda pessoa tem direito a viver em meio ambiente sadio e a dispor dos serviços públicos básicos. Os Estados-Partes promoverão a proteção, preservação e melhoramento do meio ambiente.

[193] LEAL, Augusto Antônio Fontanive; MASSAÚ, Guilherme. "Justiciabilidade direta dos direitos econômicos, sociais, culturais e ambientais na Corte Interamericana de Direitos Humanos". *Revista de Direito Internacional*. vol. 18, n. 1, 2021, p. 341-347.

ser uma condição necessária para garantir o equilíbrio ecológico planetário. Sobre esta premissa, tem-se, por consequência lógica, a identificação do dever dos Estados de proteger a estabilidade climática.[194]

Apesar de não existir, ainda, um precedente na Corte IDH que afirme a relação direta entre a proteção do clima e o direito ao meio ambiente sadio, a *Opinião Consultiva 23/17* da CIDH faz menção expressa à conexão entre a mudança do clima e o direito ao meio ambiente, nos seguintes termos: "[e]ste tribunal reconheceu a existência de uma relação inegável entre a proteção do meio ambiente e a realização de outros direitos humanos, neste sentido a degradação ambiental e os efeitos adversos das mudanças climáticas afetam o efetivo gozo de direitos humanos".[195]

Ainda sobre a Opinião Consultiva 23/2017 da CIDH, esta reconhece expressamente, pela primeira vez, o direito humano, autônomo e individual, ao meio ambiente sadio. Além disso, o Tribunal reconhece que os Estados têm obrigações de proteção ambiental, especialmente no que concerne a proteção e garantia ao direito à vida e à integridade pessoal. Outra importante referência da Opinião Consultiva 23/17 é de que grupos vulneráveis merecem especial atenção. Finalmente, em sua opinião consultiva, o tribunal reconhece a existência de obrigações estatais de prevenir *danos ambientais transfronteiriços*, nos seguintes termos:

> Quando ocorre um dano transfronteiriço, uma pessoa está sob a jurisdição do Estado de origem se existir um nexo de causalidade entre a ação ocorrida no seu território e o impacto negativo nos direitos humanos das pessoas fora do seu território. O exercício da jurisdição surge quando o Estado de origem exerce controle efetivo

---

[194] ROCHA, Armando; SAMPAIO, Rômulo. "Climate change before the European and Inter-American Courts of Human Rights: Comparing possible avenues before human rights bodies". *RECIEL*. v. 32, n. 2, 2023, p. 281.

[195] Inter-American Court of Human Rights. *Advisory Opinion OC-23/17*. 15 Nov. 2017. §47, p. 21.

sobre as atividades que causaram o dano e a consequente violação dos direitos humanos.[196]

Nota-se que a corte adota um padrão de controle sobre a fonte por parte do Estado de origem da atividade e que cause violações a direitos humanos a pessoas que residem fora de seu território.

Apesar de seu caráter não vinculante, a Comissão Interamericana de Direitos Humanos – CIDH – adotou a *Recomendação n. 03/21* sobre "Emergência Climática: Alcance das Obrigações Interamericanas de Direitos Humanos" que, por seu turno, consiste (i) na primeira recomendação da Comissão a fazer referência expressa à mudança climática; (ii) explicitamente menciona que as mudanças climáticas afetam o direito ao meio ambiente sadio, fazendo referência à Opinião Consultiva 23/17 e à decisão no caso *Lhaka Honhat v. Argentina*, ambos da Corte IDH. Finalmente, a CIDH afirma que, em um contexto de crise climática, os Estados têm uma obrigação de prevenir danos transfronteiriços, o que requer destes o desenvolvimento e a implementação de metas de mitigação em linha com o Acordo de Paris.

Ainda em nível de Comissão, um bom exemplo de como esta vislumbra tais deveres estatais climáticos irradiados do direito humano ao ambiente sadio consiste no caso La Oroya.[197] Neste, a Comissão Interamericana dos Direitos Humanos recorreu ao artigo 26° da CADH para estabelecer a obrigação dos Estados de reduzirem contínua e progressivamente as emissões de GEE, de acordo com as suas obrigações e compromissos internacionais, e de conceberem e implementarem políticas de adaptação.

Posteriormente, a CIDH sublinhou a ligação entre os direitos humanos e as alterações climáticas e referiu que a obrigação de proteger o ambiente é ainda mais

[196] Inter-American Court of Human Rights. *Advisory Opinion OC-23/17.* 15 Nov. 2017. § 104 h, p. 44.

[197] *Comunidad de La Oroya v. Peru* (Decisão CIDH de 19 Novembro de 2020), § 142.

importante neste contexto, uma vez que as alterações climáticas põem em risco a própria sobrevivência das espécies. Nas palavras da CIDH, está implícito um direito humano a um sistema climático estável como consequência do próprio direito humano a um ambiente saudável.

A CIDH adotou a Resolução nº 3/2001. Apesar da sua natureza não vinculativa, esta resolução fornece uma orientação em termos das políticas que podem ser adotadas pelos Estados, indica claramente que a adoção de políticas de atenuação e adaptação é uma obrigação nos termos do direito a um ambiente saudável implícito no artigo 26º da CADH.

Consequentemente, nos termos do artigo 26º da CADH, é possível identificar um direito humano a um ambiente saudável e a um sistema climático estável, o que implica a obrigação do Estado de proteger e preservar a estabilidade da atmosfera. A questão seguinte, portanto, é saber em que medida esta visão de um direito a um sistema climático estável informa a ordem jurídica interna do Brasil, nomeadamente a nível constitucional, tendo em conta que, de acordo com o que foi expressamente mencionado no caso *IEA v. Brasil*, os acordos ambientais internacionais prevalecem sobre as normas legais internas no Brasil.[198]

Finalmente, importante destacar que o chamado controle de convencionalidade vem ganhando relevância no sistema jurídico brasileiro, com grande influência das decisões e documentos provenientes do sistema interamericano de direitos humanos sobre as decisões internas. Neste sentido, a Recomendação nº 123 CNJ recomenda aos órgãos do Poder Judiciário "a observância dos tratados e convenções internacionais de direitos

---

[198] CARVALHO, Délton Winter de; ROCHA, Armando. "The Obligation to Protect the Stability of the Climate Systema under the Right to a Healthy Environment". In: TIGRE, Maria Antonia; ROCHA, Armando; CARVALHO, Délton. *Brazil and Climate Justice*: Pioneering Climate Litigation for a Global Cause. Leiden: Brill-Nijhoff, 2025. *Prelo.*

humanos em vigor no Brasil e a utilização da jurisprudência da Corte Interamericana de Direitos Humanos (Corte IDH), bem como a necessidade de controle de convencionalidade das leis internas".

### 2.5. *O direito fundamental à estabilidade climática*

Antes de se adentrar na análise acerca da existência de um dever de proteção constitucional do clima no cenário brasileiro, faz-se necessário explorar o tratamento jurídico dado ao sistema climático como bem jurídico no regime legal brasileiro.[199] A Convenção Quadro das Nações Unidas sobre Mudança do Clima (UNFCCC – *United Nations Framework Convention on Climate Change*), em seu artigo 2,[200] consiste em um marco de Direito Internacional que fez uma importante transição[201] da tutela jurídica da atmosfera para o sistema climático. Digno de referência que este último, consiste em um bem jurídico mais amplo e complexo.[202]

O Brasil, por sua vez, depositou o instrumento de ratificação da UNFCCC em 1994 e editou o Decreto n° 2.652 promulgando a Convenção em 1998, determinando o seu cumprimento interno. Acompanhando esta

---

[199] CARVALHO, Délton Winter de; ROSA, Rafaela Santos Martins da. "Premissas para a configuração do sistema climático como bem jurídico". *Revista de Direito Ambiental*. n. 104, ano 26, Out-Dez, 2021.

[200] "Artigo 2. O objetivo final desta Convenção e de quaisquer instrumentos jurídicos com ela relacionados que adote a Conferência das Partes é o de alcançar, em conformidade com as disposições pertinentes desta Convenção, a estabilização das concentrações de gases de efeito estufa na atmosfera num nível que impeça uma interferência antrópica perigosa no sistema climático. Esse nível deverá ser alcançado num prazo suficiente que permita aos ecossistemas adaptarem-se naturalmente à mudanca do clima que assegure que a produção de alimentos não seja ameaçada e que permita ao desenvolvimento econômico prosseguir de maneira sustentável".

[201] SANDS, Philippe Sands; Jacqueline Peel. *Principles of International Environmental Law*. 4ª ed. Cambridge: Cambridge University Press, 2018.

[202] De acordo com o art. 1°, item 3, da Convenção Quadro das Nações Unidas sobre Mudança do Clima (UNFCCC) "*Sistema climático* significa a totalidade da atmosfera, hidrosfera, biosfera e geosfera e suas interações".

transição evolutiva, a Política Nacional sobre a Mudança do Clima brasileira (Lei n° 12.187/2009) também faz referência expressa ao sistema climático como bem jurídico tutelado.[203] O próprio Código Florestal brasileiro (Lei nº 12.651/2012) faz referência expressa à "integridade sistema climático", ao prevê-lo como um dos princípios do marco legal florestal brasileiro.[204]

A integridade do sistema climático também foi referida em pelo menos dois julgamentos do Superior Tribunal de Justiça (STJ) brasileiro em matéria florestal, ambos tendo como Ministro Relator Herman Benjamin, cujo voto vencedor reafirmou o compromisso da legislação com a proteção da integridade do sistema climático.[205]

A Constituição brasileira adjetiva o bem jurídico protegido "meio ambiente" ao equilíbrio ecológico necessário para a obtenção da sadia qualidade de vida. Para tanto, trata-o como um *bem de uso comum do povo*, isto é, um bem de domínio público e de interesse difuso. É, portanto, consagrado no sistema jurídico que o conceito de meio ambiente "ecologicamente equilibrado" compreende os aspectos naturais, os artificiais, os culturais e os do ambiente do trabalho[206] que possam refletir na sadia qualidade de vida e no equilíbrio ecológico. Já no inciso I, do § 1°, do art. 225

---

[203] Por exemplo: art. 3°, I. "A PNMC e as ações dela decorrentes, executadas sob a responsabilidade dos entes políticos e dos órgãos da administração pública, observarão os princípios da precaução, da prevenção, da participação cidadã, do desenvolvimento sustentável e o das responsabilidades comuns, porém diferenciadas, este último no âmbito internacional, e, quanto às medidas a serem adotadas na sua execução, será considerado o seguinte: I – todos têm o dever de atuar, em benefício das presentes e futuras gerações, para a redução dos impactos decorrentes das interferências antrópicas sobre o sistema climático".

[204] Art. 1°, Parágrafo único, inciso I.

[205] STJ, REsp n. 1.782.692-PB, Segunda Turma, Rel. Min. Herman Benjamin, j. 13/08/2019; AgInt no Resp 1.688.885/SP, Segunda Turma, Rel. Min. Herman Benjamin, Data de Julgamento: 01 set. 2020, Publicado em: 21 out. 2020.

[206] SILVA, José Afonso da. *Direito Ambiental Constitucional.* 4ª ed. São Paulo: Malheiros, 2002.

da Constituição brasileira, é expressamente dito que cabe ao Poder Público, para assegurar a efetividade deste direito, "preservar e restaurar os *processos ecológicos essenciais*", dentre os quais encontra-se o sistema climático, como bem jurídico constitucionalmente autônomo.

Ademola Jegede chama a atenção para a importância do conceito de vulnerabilidade não apenas como uma base comum para todos os direitos humanos, mas especialmente como um motivo urgente para intervenções de combate às alterações climáticas.[207] Portanto, o assim denominado "direito a um clima seguro" atende, segundo o autor, os critérios para sua classificação como um "novo" direito humano, por (1) refletir um valor social fundamental, uma vez que os efeitos das mudanças climáticas afetam negativamente a dignidade da pessoa humana;[208] (2) apresentar relevância ao nível do sistema de valores mundial, uma vez que os impactos climáticos são universais;[209] (3) ser reconhecida como uma interpretação consistente as obrigações da Carta das Nações Unidas, com o direito consuetudinário ou com os princípios gerais do Direito, encontrando a sua legitimidade como um novo direito humano com base no fato de se tratar de uma questão de manutenção da paz internacional;[210] (4) não ser repetitivo do corpo existente de Direito Internacional em matéria de direitos humanos, apesar de sublinhar a ligação entre vários outros direitos humanos, não reproduz um direito existente;[211] (5) ser capaz de alcançar um elevado grau de consenso internacional, o que pode ser explicado pelo envolvimento internacional no

---

207 JEGEDE, A. O. "Arguing the Right to a Safe Climate under the UN Human Rights System". *International Human Rights Law Review. v.* 9, 2020, p. 185.

208 Idem, p. 211-212.

209 Idem, p. 197.

210 Idem, p. 198.

211 Idem, p. 199, 212.

Acordo de Paris de 2015;[212] (6) ser compatível com as práticas gerais dos Estados, demonstradas pela forte judicialização das questões climáticas em vários países do mundo, bem como a já mencionada adesão ao Acordo de Paris;[213] ser suficientemente preciso sobre as origens e identificação dos princípios de direitos e deveres num contexto de alterações climáticas.[214]

A fim de responder à questão de se estaria o clima abrangido pelas dimensões subjetiva e objetiva do direito ao meio ambiente e se este é capaz de dar origem a um novo direito fundamental à estabilidade climática, parece-nos digno de destaque dois casos de litígios climáticos que trazem de forma direta o argumento do direito fundamental à estabilidade climática, tanto as dimensões subjetivas quanto objetivas, sendo eles o caso *IEA v. Brasil* e o *PSB et al. v. Brasil* (Caso do Fundo Clima, ADPF 708).

### 2.5.1. *IEA v. Brasil*: a ação civil pública climática (2020 – em andamento)

Ante um recrudescimento do desmatamento na Floresta Amazônica Brasileira, em 08 de outubro de 2020, o IEA (Instituto de Estudos Amazônicos), ajuizou uma Ação Civil Pública Climática contra o Governo Federal, buscando, entre outros pedidos, (i) uma ordem judicial a fim de obrigar a União a cumprir as suas próprias políticas climáticas; (ii) a condenação desta para que, caso o limite legal de 3.925 km² por ano de desmatamento na Amazônia para 2020 não fosse cumprido, o Governo Federal seja obrigado a reflorestar a área equivalente à área excedente ao limite estabelecido no

[212] JEGEDE, A. O. "Arguing the Right to a Safe Climate under the UN Human Rights System". *International Human Rights Law Review. v.* 9, 2020, p. 199-200.

[213] Idem, p. 200.

[214] Idem, p. 200-201.

PPCDAm (Plano de Ação para Prevenção e Controle do Desmatamento na Amazônia Legal); ordem judicial obrigando ao réu para alocar recursos suficientes para este fim (evitar o desmatamento e/ou promover o reflorestamento), bem como utilizar todos os meios disponíveis para este fim.[215]

Além destes pedidos, a inovação mais significativa do caso é que este busca o reconhecimento judicial de um direito fundamental à estabilidade climática ou clima estável, que está, segundo a inicial, implicitamente consagrado no Constituição Federal brasileira.[216] Em sua inicial, o instituto demandante argumenta que o direito à estabilidade climática para as presentes e futuras gerações é uma consequência lógica da integração de direitos fundamentais expressamente previstos na Constituição e amplamente consolidados nos Tribunais. Em outras palavras, a exigência do reconhecimento de um direito fundamental a um clima estável baseia-se em sinergias entre direitos fundamentais mais tradicionais que estão expressamente previstos no texto constitucional. Entre esses, estão a dignidade da pessoa humana;[217] o direito ao meio ambiente ecologicamente equilibrado;[218] a inviolabilidade do direito à vida, à liberdade, à igualdade, à segurança e à propriedade;[219] e o direito à saúde, à alimentação e à habitação.[220]

Além disso, o direito fundamental à estabilidade climática representa uma nova categoria constitucional implícita, resultante da sinergia entre os direitos fun-

---

[215] Ação civil pública n. 5048951-39.2020.4.04.7000. SABIN CENTER FOR CLIMATE CHANGE LAW. Columbia University. IEA *v.* Brazil. Disponível em: https://climatecasechart.com/non-us-case/institute-of-amazonian-studies-v-brazil/. Acesso em: 04 set. 2024.

[216] SETZER, Joana Setzer; CARVALHO, Délton Winter de. "Climate Litigation to Protect the Brazilian Amazon: Establishing a Constitutional Right to a Stable Climate". 30(2) *Review of European*, Comparative & International Environmental Law. V. 30, issue 2, 2021, p. 197-206.

[217] Art. 1º, CF.

[218] Art. 225, CF.

[219] Art 5º, CF.

[220] Art 6º, CF.

damentais e uma nova geração de problemas ambientais globais. Com base na magnitude da crise climática e nas repercussões negativas que as alterações climáticas impõem a tantos direitos fundamentais, é necessário reconhecer *um direito novo e autônomo que garanta um sistema climático estável capaz de sustentar a vida humana*. Segundo o demandante, no contexto da crise climática são os direitos fundamentais, tanto os direitos individuais (dignidade da pessoa humana) como os direitos coletivos (ambiente ecologicamente equilibrado, por exemplo), que também devem ser protegidos através de um novo, transversal e autônomo direito a um clima estável.

A proteção ambiental e dos direitos humanos não pode ser diferenciada neste contexto, considerando que, conforme inicial, "a estabilidade climática é uma nova necessidade social, essencial para a preservação da vida humana e do equilíbrio ecológico". A presente demanda, assim, não se trata apenas de um litígio climático baseado nos direitos humanos e fundamentais (*rights turn*), mas também faz parte de uma constitucionalização da matéria e conflitos climáticos por meio da sua submissão aos Tribunais.[221]

Em julho de 2021, a Justiça Federal de Curitiba entendeu ser incompetente para o julgamento da demanda climática, transferindo o processo para a 7ª Vara Federal Ambiental e Agrarária da Seção Judiciária do Amazonas, em razão da suposta ligação entre este caso e outro com trâmite naquele Tribunal. Em 20 de agosto de 2021, após a interposição de agravo de instrumento pelo IEA, o TRF4 suspendeu liminarmente a decisão de primeiro grau. Em 07 de dezembro de 2021, a Terceira Turma do TRF4 prolatou decisão histórica mantendo o processo na Justiça Federal de Curitiba.

---

[221] CARVALHO, Délton Winter de; ROSA, Rafaela Santos Martins da. "Climate Constitutionalism as a Foundation for Climate Litigation in Latin America". *Journal of Human Rights Practice*, v. 16, issue 1, February, 2024.

Esta foi a primeira vez que um Tribunal brasileiro – e possivelmente o primeiro do mundo[222] – traça as diferenças entre litígios ambientais e climáticos, proporcionando autonomia a estes últimos, ao mesmo tempo que reconhece o terreno comum entre eles. Ambos surgem do mesmo fundamento: o direito ao meio ambiente saudável. No entanto, ao fornecer maiores especificidades às reivindicações climáticas, a decisão tornou-se um divisor de águas para os futuros litígios climáticos no Brasil. Na decisão, o Tribunal fez referência ao caráter transnacional dos litígios climáticos, mencionando o Parecer Consultivo 23/2017 da Corte Interamericana de Direitos Humanos e sua decisão no caso *Lhaka Honhat v. Argentina*.

Uma das marcas dos litígios climáticos é exatamente esta natureza transnacional, que resulta numa influência recíproca de decisões obtidas em diferentes tradições jurídicas. Por exemplo, o TRF4 faz referência expressa a precedentes em litígios climáticos de outros países, como é o caso das decisões em *Massachusetts v. EPA*, *Fundação Urgenda v. Holanda* e *Leghari v. Paquistão*. Da mesma forma, a decisão no caso do IEA pode potencialmente "viajar" e inspirar outros casos e decisões em todo o mundo. Na sua decisão, o Tribunal destacou ainda que atrasar o exame da matéria de fato e de direito resultará em sérios riscos de danos ao objetivo deste processo coletivo climático, que a corte reconheceu como sendo o "direito fundamental de todos à estabilidade climática".

Por fim, esta decisão já fazia, antes mesmo da decisão do STF no caso do Fundo Clima (ADPF 708), referência ao reconhecimento do *status* supralegal conferido aos tratados ambientais internacionais, con-

[222] TIGRE, Maria Antonia; CARVALHO, Délton Winter de; SETZER, Joana. "IEA v. Brazil: When the Court Accepts the Legally Disruptive Nature of Climate Change". *Climate Law Sabin Center Blog*. Disponível em: https://blogs.law.columbia.edu/climatechange/2021/12/21/iea-v-brazil-when-a-court-accepts-the-legally-disruptive-nature-of-climate-change/ Acesso em: 04 set.2024.

siderando-os compromissos de direitos humanos assumidos pelo Brasil.[223] A escala geográfica e de urgência dos litígios climáticos justifica, assim, a utilização de diferentes lentes para avaliá-los.

Uma abordagem semelhando a esta decisão do TRF4, embora mais cautelosa, foi adotada pelo Tribunal Europeu de Direitos Humanos (TEDH), que mencionou que "casos de alterações climáticas apresentam várias características específicas que os distinguem dos casos ambientais 'clássicos'",[224] implicando que "não seria adequado nem apropriado seguir uma abordagem que consistisse em transpor diretamente a jurisprudência ambiental existente para o contexto das alterações climáticas".[225] Por evidente, o TEDH não foi inspirado pela decisão brasileira no caso do IEA, mas ainda mostra como o TRF4 foi pioneiro e se antecipou acerca da evolução jurisprudencial climática.[226]

### 2.5.2. ADPF 708 (Caso do Fundo Clima) (2020-2022)

Em 05 junho de 2020, quatro partidos políticos ajuizaram uma Ação Direta de Inconstitucionalidade por Omissão contra a União Federal perante a mais alta corte e tribunal constitucional do Brasil, o Supremo Tribunal Federal. O objeto da ação consistia na omissão do ente federal em adotar medidas administrativas para destinar recursos e manter as operações do Fundo

---

[223] Originalmente, o entendimento acerca da supralegalidade dos tratados de Direito Ambiental como direitos humanos foi trazido pelo voto da Ministra Rosa Weber na ADI 4066/2017 DF (Asbestos), especificamente em relação à Convenção da Basileia sobre o Controle de Movimentos Transfronteiriços de Resíduos Perigosos e seu Depósito.

[224] Duarte Agostinho *et al*. V. Portugal e 32 outros Estados (App n. 39371/20) TEDH [GC] 9 de abril de 2024, § 189.

[225] Verein KlimaSeniorinnen Schweiz e outros *v.* Suíça (App n. 53600/20) TEDH [GC] 9 de abril de 2024, § 422.

[226] CARVALHO, Délton Winter de; ROCHA, Armando. "The Obligation to Protect the Stability of the Climate Systema under the Right to a Healthy Environment". Prelo.

Clima (criado pela Lei 12.114/2019).[227] Para os autores da ação, apesar da obrigação do Ministério do Meio Ambiente de preparar um plano anual, este fundo permanecia inoperante desde 2019. O fundo consiste em instrumento de financiamento previsto na Lei de Política Nacional sobre Mudança Climática brasileira e tem por objeto garantir recursos para projetos, estudos ou atividades de mitigação e de adaptação às mudanças climáticas e seus efeitos.

Os autores alegavam que a suspensão das atividades de manutenção operacional do Fundo Clima acarretaria a violação do artigo 225 da Constituição Federal no que diz respeito ao dever estatal de preservar e restaurar os "processos ecológicos essenciais", promover a gestão ecológica dos ecossistemas, definir espaços territoriais e seus componentes a serem especialmente protegidos, e proteger a fauna e a flora.

Em decisão preliminar, o Supremo Tribunal Federal admitiu a ação, porém na condição de Ação de Descumprimento de Preceito Fundamental (ADPF), procedimento constitucional diverso daquele originalmente apresentado pelos autores, tendo como objetivo central de assegurar os valores e os princípios constitucionais fundamentais.

Em 1º julho de 2022, a Corte Suprema proferiu decisão histórica e aquela que, até o presente momento, consiste no mais importante precedente climático do país. Em julgamento favorável de 10 votos a 1, prevaleceram as razões de Julgamento do Ministro Relator Luís Roberto Barroso, com o tribunal decidindo que o Poder Executivo Federal é constitucionalmente obrigado a realizar a alocação e a execução de recursos do Fundo Clima para mitigação das Mudanças Climáticas, com base no direito constitucional ao meio ambiente saudável e no Princípio da Separação de Poderes.

[227] STF, ADPF 708, Rel. Min. Luis Roberto Barroso, julgado em: 01 jul. 2022.

Em suas razões de decidir, o Ministro Relator afirmou haver um "dever constitucional, supralegal e legal da União e dos representantes eleitos, de proteger o meio ambiente e combater as mudanças climáticas".[228] Assim, a manutenção do Fundo Clima pelo Executivo Federal tem natureza vinculante, "não se tratando de livre escolha política". Na mesma direção, afirma-se que a vedação ao contingenciamento dos recursos do Fundo Clima decorre tanto do dever constitucional de tutela ao meio ambiente (art. 225 CF) quanto dos compromissos internacionais assumidos pelo Brasil (art. 5º, § 2º, CF).

I. *Dever Constitucional ao Meio Ambiente e o Clima.* Nota-se pela decisão que a Suprema Corte brasileira considerou a manutenção do Fundo Clima, primeiramente, como um *dever constitucional* decorrente das dimensões subjetiva e objetiva[229] do direito fundamental ao meio ambiente ecologicamente equilibrado. Na lavra do julgamento, "a alocação de recursos do Fundo Clima concretiza o dever constitucional de tutela e restauração do meio ambiente (e dos direitos fundamentais que lhes são interdependentes)".[230]

Portanto, o Ministro Relator reforça que o direito ao meio ambiente ecologicamente equilibrado impõe ao Poder Público o "poder-dever de defendê-lo, preservá-lo e restaurá-lo, para as presentes e futuras gerações",[231] pressupondo estar o clima no âmbito de tutela irradiada pelas dimensões subjetiva (poder/direito) e objetiva (dever) ao ambiente.

---

[228] STF, ADPF 708. Decisão p. 2.

[229] SARLET, Ingo Wofgang; FENSTERSEIFER,Tiago. "O direito fundamental ao clima limpo, saudável e seguro e os deveres estatais de proteção climática à luz da Constituição Federal de 1988". *Cadernos Jurídicos da Escola Paulista da Magistratura.* Ano 24, n. 65, São Paulo, Jan-Mar, 2023.

[230] STF, ADPF 708. Decisão, item 30, p. 13.

[231] STF, ADPF 708. Decisão, item 16, pg. 7.

Finalmente, em nível das evidentes conexões entre a tutela constitucional do bem ambiental e a estabilidade climática, a decisão prolata que o "princípio da vedação de retrocesso é especialmente proeminente quando se cuide de proteção ambiental", ocorrendo sua violação sempre que o nível de proteção diminuir, quer por meio de inação ou pela supressão de políticas públicas sem a devida substituição por outras igualmente adequadas. Assim, para a Suprema Corte o contingenciamento do Fundo Clima pelo Poder Executivo consistiu em um retrocesso ao direito ao meio ambiente, em evidente conexão à consequente estabilidade climática, como processo ecológico essencial.

II. *O Acordo de Paris como dever supralegal*. No julgamento, a Corte Suprema foi a primeira no mundo a reconhecer o Acordo de Paris como um tratado de direitos humanos.[232] Para o Relator, a mitigação das mudanças climáticas consiste em um *dever supralegal* decorrente dos direitos e compromissos internacionais assumidos pelo Brasil, fazendo expressa referência ao art. 5º, § 2º,[233] da Constituição Brasileira. Veja-se que, da mesma forma que a decisão do TRF4 na ação climática do IEA, a Suprema Corte adotou seus próprios precedentes[234] para considerar a proteção do meio ambiente um dever supralegal.

Antes de avançar, é importante entender a construção histórica da supralegalidade na Jurisprudência do Supremo Tribunal Federal e no Direito Constitucio-

---

232 KAMINSKI, Isabella. "Brazilian Court World's First to Recognise Paris Agreement as Human Rights Treaty". *Climate Home News*, 07/07/2022, Disponível em: https://www.climatechangenews.com/2022/07/07/brazilian-court-worlds-first-to-recognise-paris-agreement-as-human-rights-treaty/; TIGRE, Maria Antonia; SETZER, Joana. "Human Rights and Climate Change for Climate Litigation in Brazil and Beyond: An Analysis of the Climate Fund Decision". *Georgetown Journal of International Law*. v. 54, 2023, p. 596.

233 §2º Os direitos e garantias expressos nesta Constituição não excluem outros decorrentes do regime e dos princípios por ela adotados, ou dos tratados internacionais em que a República Federativa do Brasil seja parte.

234 STF, ADI 4066/2017 DF.

nal brasileiro. Na Constituição do Brasil, os tratados e convenções internacionais sobre direitos humanos poderão adquirir *status* equivalente às emendas constitucionais. Contudo, dependem de um exigente quórum de aprovação e ratificação, nos mesmos números do procedimento especial para emendas constitucionais. Para tanto, a Câmara dos Deputados e o Senado devem, em dois turnos e pela margem de três quintos dos votos dos respectivos membros, aprovar o texto do referido tratado ou convenção de direitos humanos.[235]

De outro lado, tratados e convenções internacionais de direitos humanos ratificados pelo Brasil podem adquirir, com base na interpretação consolidada em relação ao §2º do art. 5º, pela Suprema Corte desde 2008,[236] uma natureza e hierarquia normativa supralegal. A partir deste julgado, tratados e as convenções internacionais de direitos humanos que, apesar de ratificados pelo Brasil, não tenham sido aprovados pelo quórum do §3º (e equivalente ao das emendas constitucionais), teriam uma natureza e hierarquia supralegal, estando abaixo das normas constitucionais, porém acima das leis ordinárias. Mais tarde, em 2017, este raciocínio foi estendido aos tratados e convenções internacionais ratificados pelo Brasil em *matéria ambiental* a partir do julgamento da Ação Direta de Inconstitucionalidade nº 4.055/17 e que teve como Min. Relatora Rosa Weber. Precedente este, inclusive, citado na Decisão do TRF4 no caso do IEA.

Em face de tais precedentes, do Acordo de Paris ter sido ratificado pelo Brasil no Decreto nº 9.073/2017, e deste ter sido equiparado a um tratado internacional de direitos humanos, foi-lhe atribuída a condição normativa de supralegalidade, encontrando-se hierar-

[235] Art. 5º, § 3º, CF. Os tratados e convenções internacionais sobre direitos humanos que forem aprovados, em cada Casa do Congresso Nacional, em dois turnos, por três quintos dos votos dos respectivos membros, serão equivalentes às emendas constitucionais.

[236] STF, RE 466.343/2008.

quicamente abaixo do texto constitucional e acima de todas as demais normas legais, motivo da adjetivação de "*supra*legal".

Nos termos do Ministro Relator Barroso:

> (...) a Constituição reconhece o caráter supralegal dos tratados internacionais sobre direitos humanos de que o Brasil faz parte, nos termos do seu art. 5º, § 2º. E não há dúvida de que a matéria ambiental se enquadra na hipótese. (...) Tratados sobre direito ambiental constituem espécie do gênero tratados de direitos humanos e desfrutam, por essa razão, de *status supranacional*. Assim, não há uma opção juridicamente válida no sentido de simplesmente omitir-se no combate às mudanças climáticas.[237] (grifo do autor)

Digno de nota que o julgado avança ao relacionar a hierarquia "supralegal" à sua fonte normativa "supranacional". Desta maneira, a "supralegalidade" apresenta-se como a repercussão normativa interna decorrente do ao caráter internacional dos tratados de direitos humanos ratificados pelo Brasil e das características transnacionais dos litígios climáticos, naquilo que a decisão referiu como "supranacionalidade".

Como efeito jurídico prático imediato deste *status supralegal* atribuído ao Acordo de Paris como um tratado de direitos humanos, tem-se que qualquer legislação ou Decreto que viole deveres climáticos previstos no Acordo de Paris, inclusive a NDC, poderão ser anulados[238] em face da interpretação constitucional trazida no caso do Fundo Clima. Espera-se, assim, uma legítima irradiação dos deveres climáticos constitucionais, supralegais e legais sobre toda as normas vigentes ou futuramente implementadas no país, assim como decisões e ações tomadas no âmbito dos Poderes Executivo, Legislativo e do próprio Judiciário.

---

[237] STF, ADPF 708. Decisão, item 17, p. 8.

[238] TIGRE, Maria Antonia; SETZER, Joana. "Human Rights and Climate Change for Climate Litigation in Brazil and Beyond: An Analysis of the Climate Fund Decision". *Georgetown Journal of International Law*. v. 54, 2023, p. 625.

## Considerações finais, sem um fim

A partir do conhecimento científico, cada vez mais claro em relação às mudanças climáticas, os impactos, danos e desastres climáticos vêm-se mostrando maiores do que esperado. Nesta direção, o conhecimento vigente demonstra que os riscos prometem tornarem-se reais (danos) mais cedo do que esperado, inclusive já sendo percebidos em alguns casos na atualidade. A previsão de riscos por cenários, como adotada pelo IPCC, não deixa qualquer dúvida acerca da necessidade mundial em conter urgentemente a elevação da temperatura média do planeta e estabilizá-la em 1,5°C. Algo já visto por muitos como inviável, em face da ausência de uma mitigação global mais intensa. Para tanto, necessário cortar as emissões de gases do efeito estufa de forma dramática e urgente, ao mesmo tempo em que será necessária a promoção de iniciativas para uma adaptação climática, orientada por uma transição justa e equitativa.

Para tanto, ascendeu globalmente o debate acerca da necessidade de uma transição de um modo operacional "*business as usual*" para um "modo de emergência" em razão do agravamento da crise climática. Neste, fundamental a delimitação rigorosa das metas, orientações e deveres geradores de expectativas legítimas, devidamente acompanhadas de planos executivos e programas estratégicos, em detrimento de uma redação meramente retórica. A decretação de um "estado de emergência climática" deve atuar não apenas como uma resposta emergencial tradicional, nos moldes do atendimento a eventos climáticos extremos, mas, acima de tudo, atentar para todas as fases da governança climática: riscos, mitigação, adaptação e perdas e danos.

Estas fases encontram-se entrelaçadas, devendo haver uma *gestão circular do risco* climático. Trata-se também de um círculo mais amplo, menos restrito temporalmente do que a gestão de um evento climático extremo. Cumpre destacar que os mecanismos tradicionais de atendimento a crises podem ser bem úteis, como no caso específico da declaração de um estado de emergência e de calamidade, para o atendimento a casos de desastres climáticos, pontualmente. Ainda, a declaração de um estado emergencial climático deve ser acompanhada por um plano executivo estruturante, maleável e programático (obrigação de meio).

Em nível climático, a declaração de emergência climática tende a exigir uma vigência temporal mais longa e indeterminada, diferentemente do que ocorre no caso das declarações emergenciais tradicionais – tais com decretos de situação de emergência e estado de calamidade, ou mesmo estado de sítio ou de defesa –, que deve ter um prazo de vigência determinado.

Além disso, as declarações de emergência climática têm, frequentemente, manifestado a necessidade de urgente redução das emissões a fim de evitar um cenário climático catastrófico. Por tal motivo, não se limitam a orientar o atendimento às consequências ou efeitos das mudanças climáticas (eventos climáticos extremos). Por isso, trata-se de um ato mais amplo também em seu objeto central, sendo útil também a confecção de um plano abrangente de mitigação e de adaptação climática, orientando a execução das medidas e cronograma a serem cumpridos.

O principal risco da declaração de emergência climática consiste em ser concebida e percebida como uma mera *carta de intensões*. Contudo, os riscos não se limitam a isso. No sentido diverso, está o risco dessa ensejar um autoritarismo climático. A declaração de estados emergenciais enseja a centralização do poder no Executivo que, se não devidamente fiscalizado pelo Judiciário e Legislativo, pode ocasionar poderes excessivos e utilizados para finalidades outras que as necessidades de mitigação, resposta e adaptação climática emergencial. A violação de direitos de liberdades e políticos deve sempre ser evitada, sendo possível contudo a sua relativização proporcionalmente orientada pelas necessidades oriundas das emergenciais. Uma possível indefinição temporal da vigência do estado emergencial não pode normalizar a emergência, ao ponto de tirar a importância do seu combate sob os pilares e orientações constitucionais ou tornar permanente as restrições aos direitos fundamentais políticos ou individuais.

Em virtude destes riscos, as declarações instituidoras de um modo de emergência climática devem apresentar soluções, deixando claro (i) os resultados esperados com a declaração; (ii) quais são os poderes especiais emergenciais decorrentes desta declaração; (iii) as limitações decorrentes da declaração, como por exemplo o período de vigência desta assim como os parâmetros para alteração destes prazos excepcionais.

Finalmente, se tudo falhar, inegavelmente as declarações de emergência climática consistem em um forte sinal de reconhecimento da necessidade urgente de cortar emissões de carbono pelos entes supranacionais, países e ou entes subnacionais, mensagem esta a ser ouvida pelas instâncias governamentais, setor privado e cortes judiciais.

Como uma decorrência lógica do agravamento do contexto climático, o Direito passa a sofrer transformações, tal como ocorrido nas revoluções burguesa e industrial. O motivo disso é a necessidade fornecer respostas a novos problemas e conflitos sociais, agora oriundos das diversas facetas da crise climática. O papel do constitucionalismo climático é, portanto, induzir o enfrentamento do fenômeno global das mudanças climáticas por meio de soluções (constitucionais) mais localizadas, oriundas de um *aprendizado transnacional* em prol de uma justiça climática. À expressão *justiça climática* atribuímos o sentido decorrente da forma pelas quais a mudança climática impactará direitos humanos básicos, exacerbando vulnerabilidades.

O constitucionalismo climático emerge da dimensão transnacional do Direito das Mudanças Climáticas, a partir de uma simbiose entre as dimensões internacional e a nacional. Adotando uma perspectiva metodológica comparada, forma-se um corpo coerente e sistemático de como as estruturas constitucionais podem assegurar uma atenção judicial cuidadosa às violações a direitos fundamentais ocasionadas por omissões ou atividades vinculadas às mudanças climáticas. O mosaico fragmentado de decisões em tribunais em nível nacional, regional e internacional acabam formando um corpo normativo coerente e interligado.

Portanto, o constitucionalismo climático surge como estratégia transnacional de aprendizagem acerca do papel que os direitos fundamentais adquirem num cenário de mudanças climáticas e, consequentemente, de conflitos jurisdicionais que tenham como objeto a justiça climática. Para tanto, existem duas formas de uso do constitucionalismo para tratamento de conflitos climáticos. A primeira, pela inserção da matéria climática no texto constitucional, caminho adotado por um grupo de países precursores ao redor do mundo.

De outro lado, o uso do Direito Constitucional para tratamento da questão climática parte da (re)interpretação de direitos fundamentais antropocêntricos (vida, propriedade, dignidade da pessoa humana e mesmo meio ambiente), agora em face dos fenômenos climáticos e das potenciais violações provocadas pela ausência de cumprimento das metas e compromissos climáticos. Em ambos os casos, as cortes jurisdicionais terão a função de participar da governança climática, provocadas pela litigância estratégica, sob a orientação das premissas constitucionais, nacionais e transnacionais.

Um constitucionalismo climático, forjado na dimensão transnacional de aprendizados e influências recíprocas, em alguma medida, estabelece as bases para o movimento da virada dos direitos (*rights-turn*) se desenvolver, unindo governança climática, direitos humanos e informações científicas. Neste caminho evolutivo, o *leading case* climático *Leghari v. Paquistão* promove uma precursora releitura de direitos fundamentais tradicionais (à vida, à dignidade humana, à saúde, ao patrimônio e ao ambiente), elaborada a partir do emergir de um novo contexto global de *justiça climática*.

Em outra direção, *Juliana v. EUA*, propõe a viabilidade de um direito fundamental à integridade climática, em virtude do sistema climático equilibrado ser fundamental para uma sociedade justa e livre. Ambas ações, independentemente dos resultados, lançam luzes sobre outras diversas tradições constitucionais, mostrando toda a força da dimensão transnacional dos litígios climáticos e a formação das bases de um constitucionalismo climático.

Já em *Neubauer v. Alemanha*, há a formação de uma perspectiva intergeracional dos direitos fundamentais de liberdade ante os desafios e restrições trazidos pelas mudanças climáticas, a partir da noção de *garantias intertemporais de liberdade*. Desta forma, a decisão prevê que as metas climáticas e suas consequentes restrições às liberdades devem ser distribuídas de maneira proporcional entre presentes e futuras gerações. Partindo da compreensão de que as atividades econômicas e o exercício das liberdades estão diretamente ligadas às emissões de gases do efeito estufa, a transferência da maior ambição climática para o futuro coloca o ônus sobre as futuras gerações e jovens, ocasionando uma violação aos direitos de liberdade sob uma perspectiva intertemporal.

Em *Held v. Montana*, há a constatação da importância das constituições em nível estadual e os deveres climáticos decorrentes do direito ao meio ambiente limpo e sadio. Nesta decisão, também foi imposto ao Estado de Montana o dever de preparar e apresentar um plano corretivo para reduzir suas emissões.

Já em In re Hawai'i Electric Light Co., a Suprema Corte do Estado do Havaí proferiu uma decisão que, afastando a interpretação originalista da constituição, o direito ao meio ambiente limpo e saudável previsto na constituição estadual abrange um direito a um climático que sustente a vida. Digno de destaque, por sua maior ambição, o voto vogal do *Justice* Wilson, chegando este a referir que as mudanças climáticas consistem em uma emergência *sui generis*, sendo a maior ameaça para as sociedades e ao meio ambiente. As mudanças climáticas, para o voto vogal, consistem em uma questão central de direitos humanos, tendo os jovens, as futuras gerações e os povos nativos como os maiores afetados, numa profunda injustiça climática. Finalmente, o voto faz referência à necessidade de enfrentamento das mudanças climáticas a partir de uma releitura do devido processo legal (*due process clause*), não podendo o Estado privar as pessoas da vida, da liberdade ou da propriedade sem devido processo legal. Ante todos estes elementos, o *Justice* afirma que o Estado de Direito Climático (*climate rule of law*) deve ser implementado pelas cortes judiciais estaduais, frente àquilo que ele diagnostica como uma omissão da jurisdição federal americana.

Importante destacar que este Estado de Direito Climático não consiste em um Estado autoritário, mas sim, um Estado de Direito que, a partir das regras legais e precedentes jurisprudenciais vigentes, procura responder aos desafios das mudanças climáticas impostos à manutenção da vida e das estruturas sociais. Os tribunais ao redor do mundo mostram, contudo, de forma veemente a necessidade de adotar medidas que assegurem o enfrentamento das mudanças climáticas, como o maior perigo existencial enfrentado pela humanidade.

Casos que tramitam no Brasil e em cortes regionais, como é o caso da Corte Interamericana de Direitos Humanos, também mostram uma compreensão de que a proteção do sistema climático se encontra abrangida pelo direito constitucional ao meio ambiente limpo e saudável, até que exista previsão normativa constitucional específica. Para a decisão do STF no caso do Fundo Clima (ADPF 708), o Acordo de Paris se trata um verdadeiro tratado de direitos humanos e, por esta razão, apresenta uma hierarquia normativa supralegal. E assim sendo, não há discricionariedade na realização de políticas públicas para o seu enfrentamento, o que significa que escolhas podem ser feitas, à exceção daquelas atinentes a esvaziar a proteção de tais bens. Tal decisão fortalece o entendimento de que a humanidade se encontra em uma travessia sobre um mar agitado e que os direitos humanos atuam como nossas tábuas que fortalecem nossos barcos e reduzem nossas vulnerabilidades. Afinal, como dito na inicial da ação climática brasileira do *IEA v. Brasil*, *"percebe-se, portanto, que a estabilidade climática se trata de uma nova necessidade social essencial à preservação da vida humana e do equilíbrio ecológico"*.

# Bibliografia


ABATE, Randall S. Atmospheric Trust Litigation: Foundation for a Constitutional Right to a Stable Climate System? *George Washington Journal of Energy & Environmental Law*, Washington, v. 10, n. 1, p. 33-38, 2019.

ACKERMAN, Bruce. The Emergency Constitution. *The Yale Law Journal*, New Haven, v. 113, p. 1039-1040, 2004.

AMINSKI, Isabella. "Brazilian Court World's First to Recognise Paris Agreement as Human Rights Treaty". *Climate Home News*, 07/07/2022, Disponível em: https://www.climatechangenews.com/2022/07/07/brazilian-court-worlds-first-to-recognise-paris-agreement-as-human-rights-treaty/; TIGRE, Maria Antonia; SETZER, Joana. "Human Rights and Climate Change for Climate Litigation in Brazil and Beyond: An Analysis of the Climate Fund Decision". *Georgetown Journal of International Law.* v. 54, 2023.

ARGENTINA. Senado. *Número de Expediente 1745/19.* Buenos Aires: Senado, 2019. Disponível em: https://www.senado.gob.ar/parlamentario/comisiones/verExp/1745.19/S/CO. Acesso em: 25 jul. 2022.

BODANSKY, Daniel. Climate Change: Transnational Legal Order or Disorder? In: HALLIDAY, Terence C.; SHAFFER, Gregory (Eds.). *Transnational Legal Orders and Regulatory Law.* Cambridge: Cambridge University Press, 2015, p. 287-308.

BODANSKY, Daniel. The Paris Climate Change Agreement: A New Hope? *American Journal of International Law.* v. 110, Maio, 2016. p. 15. Disponível em https://papers.ssrn.com/sol3/papers.cfm?abstract_id=2773895.

BODANSKY, Daniel; BRUNNÉE, Jutta; RAJAMANI, Lavanya. *International Climate Change Law*. Oxford: Oxford University Press, 2017.

BOOTH, Robert; ABDUL, Geneva. *UK reaches hottest ever temperature as 40.2C recorded at Heathrow. In:* The Guardian. London, 19 jul. 2022. Disponível em: https://www.theguardian.com/uk-news/2022/jul/19/uk-weather-record-hottest-day-ever-heatwave#:~:text=UK%20reaches%20hottest%20ever%20temperature%20as%2040.2C%20recorded%20at%20Heathrow,-Households%20told%20to&text=Britain%20has%20recorded%20its%20highest,first%20time%2C%20at%20Heathrow%20airport. Acesso em: 29 jul. 2022.

BRASIL. *A Nova NDC do Brasil*, 2024. Disponível https://www.gov.br/mma/pt-br/assuntos/noticias/brasil-entrega-a-onu-nova-ndc-alinhada-ao-acordo-de-paris/ndc-versao-em-portugues.pdf/. Acesso em 03 mai. 2025.

BRASIL. Congresso Nacional. Câmara dos Deputados. *Projeto de Lei nº 3961, de 2020.* Decreta o estado de emergência climática, estabelece a meta de neutralização das emissões de gases de efeito estufa no Brasil até 2050 e prevê a criação de políticas para a transição sustentável. Autoria: Alessandro Molon, Talíria Petrone. Brasília, DF: Câmara dos Deputados, [2020]. Disponível em: https://www.camara.leg.br/proposicoesWeb/fichadetramitacao?idProposicao=2258739. Acesso em: 14 nov. 2021.

BRASIL. Supremo Tribunal Federal (STF). *Ação Direta de Inconstitucionalidade 6.421 MC.* Tribunal Pleno. Relator: Roberto Barroso, j. 21/05/2020. Processo Eletrônico DJe nº 270, Publicado em: 12 nov. 2020.

BRASIL. Supremo Tribunal Federal (STF). *Arguição de Descumprimento de Preceito Fundamental 708*. Plenário. Relator: Ministro Roberto Barroso. Julgamento 01/07/2022. Ata nº 22, de 04/07/2022. Publicação DJE 136, em 08 jul. 2022.

CARVALHO, Délton Winter de. Aspectos Epistemológicos da Ecologização do Direito. *Scientia Iuridica:* Revista de Direito Comparado Português e Brasileiro, Copacabana, tomo LIV, p. 727-751, out./dez. 2010.

CARVALHO, Délton Winter de. Constitucionalismo Climático como fundamento transnacional aos litígios climáticos. *Revista de Direito Internacional*. v. 19, n. 1, Brasília: Uniceub, 2022, p. 192-205.

CARVALHO, Délton Winter de. *Dano Ambiental Futuro*: a responsabilização civil pelo risco ambiental. 2ª ed. Porto Alegre: Livraria do Advogado, 2013.

CARVALHO, Délton Winter de. *Desastres ambientais e sua regulação jurídica*: deveres de prevenção, resposta e compensação ambiental. 2. ed. Revista dos Tribunais: São Paulo, 2020.

CARVALHO, Délton Winter de. Estado de Direito Ambiental. In: *Gestão Jurídica Ambiental*. p. 124-151. São Paulo: Revista dos Tribunais, 2020.

CARVALHO, Délton Winter de. *Gestão Jurídica dos Riscos Ambientais*: da Prevenção à Precaução. Gestão Jurídica Ambiental. 2. ed. São Paulo: Thomson Reuters, 2020.

CARVALHO, Délton Winter de. Leghari *v.* Paquistão. In: Júlia Neiva; Gabriel Mantelli (orgs.). *Clima e Direitos Humanos*: vozes e ações. Conectas Direitos Humanos, 2021, p. 84-87.

CARVALHO, Délton Winter de; MERIDA, Carolina. Climate Litigation in the Inter-American Human Rights System: Addressing Legal Standing. In: GOMES, Carla; OLIVEIRA, Heloísa; ROCHA, Armando; FERMEGLIA, Matteo (eds). *Climate Change Before International Courts*: A Comparative Study. Routledge, 2025.

CARVALHO, Délton Winter de; ROCHA, Armando. "The Obligation to Protect the Stability of the Climate Systema under the Right to a Healthy Environment". In: TIGRE, Maria Antonia; ROCHA, Armando; CARVALHO, Délton. *Brazil and Climate Justice*: Pioneering Climate Litigation for a Global Cause. Leiden: Brill-Nijhoff, 2025.

CARVALHO, Délton Winter de.; ROSA, Rafaela Santons Martins. Premisssas para a Configuração do Sistema Climático como Bem Jurídico. *Revista de Direito Ambiental*. v. 104, ano 26, out-dez., 2021. p. 299-323.

CARVALHO, Délton Winter de; ROCHA, Armando. "The Obligation to Protect the Stability of the Climate Systema under the Right to a Healthy Environment". *Prelo*.

CARVALHO, Délton Winter de; ROSA, Rafaela Santos Martins da. "Climate Constitutionalism as a Foundation for Climate Litigation in Latin America". *Journal of Human Rights Practice*, v. 16, issue 1, February, 2024.

CARVALHO, Délton Winter de; ROSA, Rafaela Santos Martins da. "Premissas para a configuração do sistema climático como bem jurídico". *Revista de Direito Ambiental*. n. 104, ano 26, Out-Dez, 2021.

CHEMERINSKY, Erwin. *We the People*: A Progressive Reading of the Constitution for the Twenty-First Century. New York: Picador, 2018.

CLIMATE EMERGENCY DECLARATION AND MOBILISATION IN ACTION (CEDAMIA). *Climate Emergency Declaration and Mobilisation In Action*. Australia, 2021. Disponível em: https://www.cedamia.org/. Acesso em: 06 nov. 2021.

CLIMATE EMERGENCY DECLARATION. *Climate emergency declarations in 2,121 jurisdictions and local governments cover 1 billion citzens*. Disponível em: https://climateemergencydeclaration.org/climate-emergency-declarations-cover-15-million-citizens/. Acesso em: 16 jul. 2022.

CLIMATE EMERGENCY DECLARATION. *United Kingdom*: Bipartisan UK Parliament declares a climate emergency. [S. l.]: mai 2 2019a. Disponível em: https://climateemergencydeclaration.org/united-kingdom-bipartisan-uk-parliament-declares-a-climate-emergency/. Acesso em: 25 jul. 2022.

CLIMATE EMERGENCY DECLARATION. Climate emergency declarations in 2,366 jurisdictions and local governments cover 1 billion citzens. Disponível em: https://climateemergencydeclaration.org/climate-emergency-declarations-cover-15-million-citizens/#:~:text=2%2C366%20jurisdictions%20in%2040%20countries,live%20in%20the%20United%20Kingdom. Acesso em: 12/04/2025.

CONVENÇÃO-QUADRO DAS NAÇÕES UNIDAS SOBRE A MUDANÇA DO CLIMA (UNFCCC). *Convenção sobre Mudança do Clima de 1992.* Tradução Governo do Brasil. Brasília, DF: MCTI, [2021]. Disponível em: https://cetesb.sp.gov.br/proclima/wp-content/uploads/sites/36/2014/08/convencaomudancadoclima.pdf. Acesso em: 02 jan. 2019.

CONVENÇÃO-QUADRO DAS NAÇÕES UNIDAS SOBRE A MUDANÇA DO CLIMA (UNFCCC). *Acordo de Paris de 2015.* Tradução Centro de Informação das Nações Unidas para o Brasil (UNIC Rio), última versão 21 abril 2016. Rio de Janeiro: UNIC Rio, 2016. Disponível em: https://brasil.un.org/sites/default/files/2020-08/Acordo-de-Paris.pdf. Acesso em: 02 jan. 2019.

CORRÊA, Oscar Dias. *A Defesa do Estado de Direito e a Emergência Constitucional.* Rio de Janeiro: Presença, 1980.

DALY, Erin; MAY, James R. Comparative environmental constitutionalism. *Jindal Global Law Review*, Sonipat, v. 6, n. 1, p. 9-30, 2015.

DAVIES, Anna R.; Hügel. "Just Adapt: Engaging Disadvantaged Young People in Planning for Climate Adaptation". *Politics and Governance.* v. 9, issue 2, 2021.

DIDIER JR., Fredie; ZANETI JR; Hermes; OLIVEIRA, Rafael Alexandria de. "Elementos para uma Teoria do Processo Estrutural aplicada ao Processo Civil Brasileiro". *Revista de Processo.* v. 303, maio, 2020.

DUARTE AGOSTINHO *et al. v.* Portugal e 32 outros Estados (App n. 39371/20) TEDH [GC] 9 de Abril de 2024, §189.

DUNLOP, Ian; SPRATT, David. *The Club of Rome Climate Emergency Plan*: What does "climate emergency" mean?. Briefing note. [S. l.]: The Club of Rome, 21 nov. 2018. p. 1. Disponível em: https://www.cedamia.org/wp-content/uploads/2019/03/What-does-_climate-emergency_-mean.pdf. Acesso em: 07 nov. 2021.

ENVIRONMENTAL LAW FOUNDATION. *Local urgency on the Climate Emergency?*: A review of local authority Climate Declarations and supporting action across the UK. United Kingdom: Environmental Law Foundation, oct. 2021. Disponível em: https://elflaw.org/wp-content/uploads/2021/10/ELF-Local-urgency-on-the-Climate-Emergency-October-2021.pdf. Acesso em: 26 jul. 2021.

EUROPEAN UNION (EU). *European Parliament. Resolution of 28 de november de 2019 on Climate and Environment Emergency.* European Union: European Parliament, 2019. Disponível em: https://www.europarl.europa.eu/doceo/document/TA-9-2019-0078_EN.html. Acesso em: 25 jul. 2020.

FARBER, Daniel A.; CARLARNE, Cinnamon P. *Climate Change Law.* St. Paul: Foundation Press, 2018.

FARBER, Daniel. *Declaring a Climate Change Emergency*: A Citizen's Guide. California: Legal Planet, jun.19 2022. Disponível em: https://legal-planet.org/2022/07/19/declaring-a-climate-change-emergency-a-citizens-guide/. Acesso: 28 jun. 2022.

FARBER, Daniel. Exceptional Circumstances: Immigration, Imports, the Coronavírus, and Climate Change as Emergencies. *Hastings Law Journal, San Francisco*, v. 71, issue 5, 2020.

FARBER, Daniel A.; CARLARNE, Cinnamon P. *Climate Change Law.* St. Paul: Foundation Press, 2018.

FARBER, Daniel A.; SIEGEL, Neil S. *United States Constitutional Law.* St. Paul: Foundation Press, 2019.

FISHER, Dana R.; NASRIN, Sohana. "Shifting Coalitions within the Youth Climate Movement in the US". *Politics and Governance.* v. 9, issue 2, 2021. p. 112-123; KENIS, Anneleen. "Clashing Tactics, Clashing Generations: The Politics of the School Strikes for Climate in Belgium". *Politics and Governance.* v. 9, issue 2, 2021.

FISHER, Elizabeth; SCOTFORD, Eloise; BARRITT, Emily. The Legally Disruptive Nature of Climate Change. *Modern Law Review,* New Jersey, v. 80, issue 2, p. 173-201, mar. 3 2017.

GARRIC, Audrey. *In Europe, the summer of 2021 was the hottest ever recorded. In:* Le Monde. Paris, 25 abr. 2022. Disponível em: https://www.lemonde.fr/en/environment/article/2022/04/25/in-europe-the-summer-of-2021-was-the-hottest-ever-recorded_5981569_114.html. Acesso em: 29 jul. 2022.

GHALEIGH, Navraj Singh. Science and Climate Change Law – The Role of the IPCC in International Decision-Making. In: CARLARNE, Cinnamon P.; GRAY, Kevin R.; TARASOFSKY, Richard G. (Eds). *The Oxford Handbook of International Climate Change Law.* Oxford: Oxford University Press, 2016.

GHALEIGH, Navraj Singh; SETZER, Joana; WELIKALA, Asanga. *The Complexities of Comparative Climate Constitutionalism.* Journal of Environmental Law, 2022, XX, 1-12.

GHALEIGH, Navraj Singh; SETZER, Joana; WELIKALA, Asanga. The Complexities of Comparative Climate Constitutionalism. *Journal of Environmental Law.* v. XX, Oxford University Press, 2022. p. 07; VIOLA, Pasquale. *Climate Constitutionalism Momentum: Adaptative Legal Systems.* Cham: Springer, 2022.

GOMES, Carla; OLIVEIRA, Heloísa; ROCHA, Armando; FERMEGLIA, Matteo (eds). *Climate Change Before International Courts*: A Comparative Study. Routledge, 2025.

HARVEY, Fiona. *UN Secretary General urges all countries to declare climate emergencies.* In: The Guardian. London, dec. 12 2020. Disponível em: https://www.theguardian.com/environment/2020/dec/12/un-secretary-general-all-countries-declare-climate-emergencies-antonio-guterres-climate-ambition-summit. Acesso em: 29 jul. 2022.

HELD *v.* STATE. *Harvard Law Review.* v. 137, p. 1498.

HONEY, Richard; O'REILLY, Mark O'Brian. *The Potential Legal Effect of Declarations of Climate Emergency.* London: FTB Environmental Law Blog, 2022. Disponível em: https://www.ftbchambers.co.uk/blogs/potential-legal-effect-declarations-climate-emergency. Acesso em: 28 jul. 2022.

HUDSON, Blake. Structural Environmental Constitutionalism. *Widener Law Review.* Wilmington, v. 21, p. 201-216, 2015.

INTER-AMERICAN COURT OF HUMAN RIGHTS. *Advisory Opinion OC-23/17.* 15 Nov. 2017. §104 h, p. 44.

INTERGOVERNMENTAL PANEL ON CLIMATE CHANGE (IPCC). *Climate Change 2022 – Impacts, Adaptation and Vulnerability.* Summary for Policymakers. Contribution of Working Group II to the Sixth Assessment Report of the Intergovernmental Panel on Climate Change. [S. l.]: IPCC, 2022. p. 9. Disponível em: https://www.ipcc.ch/report/ar6/wg2/downloads/report/IPCC_AR6_WGII_SummaryForPolicymakers.pdf. Acesso em: 16 jun. 2022.

JARIA-MANZANO, Jordi; BORRÀS, Susana. Introduction to the Research Handbook on Global Climate Constitutionalism. In: JARIA-MANZANO, Jordi; BORRÀS, Susana (Eds.). *Research Handbook on Global Climate Constitutionalism.* p. 1-17. Cheltenham (UK); Northampton (MA, USA): Edward Elgar Publishing, 2019.

JEGEDE, A. O. "Arguing the Right to a Safe Climate under the UN Human Rights System". *International Human Rights Law Review. v.* 9, 2020.

KEMP, Luke; XU, Chi; DEPLEDGE, Joanna; EBI, Kriestie L.; GIBBINS, Goodwin; KOHLER, Timothy A.; ROCKSTRÖM, Johan; SCHEFFER, Marten; SCHELLNHUBER, Hans Joachim; STEFFEN, Will; LENTON, Timothy M. *Climate Endgame*: Exploring catastrophic climate change scenarios. PNAS. Cambridge: MIT, Vol 119, n. 34, ago 1 2022. Disponível em: https://www.pnas.org/doi/10.1073/pnas.2108146119. Acesso em: 05 ago 2022.

KLINGER, Remo. Case Neubauer *et. al.* v. Germany. *Aula Magna do Seminário Direito e Governança Ambiental.* (Prof. Dr. Délton Winter de Carvalho). São Leopoldo: PPGDir UNISINOS, 05 out. 2021.

KOTZÉ, Louis J. The Fundamentals of Environmental Constitutionalism. In: KOTZÉ, Louis J. *Global Environmental Constitutionalism in the Anthropocene.* Cap. 5, p. 133-175. Oxford; Portland: Hart Publishing, 2016.

LAZARUS, Richard. *The Making of Environmental Law.* Chicago: University of Chicago Press, 2006.

LAZAZARUS, Richard. *The Rule of Five*: Making Climate History at the Supreme Court. Cambridge: Belknap Press, 2020.

LEAL, Augusto Antônio Fontanive; MASSAÚ, Guilherme. "Justiciabilidade direta dos direitos econômicos, sociais, culturais e ambientais na Corte Interamericana de Direitos Humanos". *Revista de Direito Internacional.* vol. 18, n. 1, 2021, p. 341-347.

LENTON, Timothy M.; ROCKSTRÖM, Johan; GAFFNEY, Owen; RAHMSTORF, Stefan; RICHARDSON, Katherine; STEFFEN, Will; SCHELLNHUBER, Hans Joachim. *Climate tipping points – too risky to bet against.* [S. l.]: Nature, nov. 27 2019. Disponível em: https://www.nature.com/articles/d41586-019-03595-0. Acesso em: 20 jul. 2022.

LINDSAY, Bruce. Climate of Exception: What Might a 'Climate Emergency' Mean in Law?. *Federal Law Review*, [S. *l.*], v. 38, p. 1-27, jun. 2010.

MANK, Bradford C. Does the Envolving Concept of Due Process in Obergefell Justify Judicial Regulation of Greenhouse Gases and Climate Change?: Juliana v. United States. *UC Davis Law Review*, Davis, v. 52, p. 855-903, dez. 2018. *In:* UNITED STATES. Supreme Court of the United States. Kelsey Cascadia Rose Juliana *et al., v.* United States of America et al. 947 F. 3d 1159 (9th Cir. 2020).

MAY, James. *Climate Rights*: Cases and Context. Lulu Press, 2024.

MAY, James R.; DALY, Erin. Can the U.S. Constitution Accommodate a Right to a Stable Climate? (Yes, it can*). UCLA Journal of Environmental Law & Policy*, Los Angeles, p. 1-26, set. 2020.

MAY, James R.; DALY, Erin. Global Climate Constitutionalism and Justice in the Courts. In: JARIA-MANZANO, Jordi; BORRÀS, Susana (Eds.). *Research Handbook on Global Climate Constitutionalism.* p. 235-245. Cheltenham (UK); Northampton (MA, USA): Edward Elgar Publishing, 2019.

MAY, James R; DALY, Erin. *Global Environmental Constitutionalism.* New York: Cambridge University Press, 2015.

MAYER, Benoit; ZAHAR, Alexander (editors). *Debating Climate Law.* Cambridge: Cambridge University Press, 2023.

NATIONAL AERONAUTICS AND SPACE ADMINISTRATION (NASA). *Key Indicators:* Global Temperature. Washington: NASA, 01 ago. 2022. Disponível em: https://climate.nasa.gov/vital-signs/global-temperature/. Acesso em: 20 jun. 2022.

NATIONAL OCEANIC AND ATMOSPHERIC ADMINISTRATION. 2023 was the world's warmest year on record, by far. Disponível em: https://www.noaa.gov/news/2023-was-worlds-warmest-year-on-record-by-far#:~:text=Earth's%20average%20land%20and%20ocean,0.15%20of%20a%20degree%20C). Acesso em: 29 mar. 2024; NASA Analysis Confirms 2023 as the Warmest year on Record. Disponível em: https://www.nasa.gov/news-release/nasa-analysis-confirms-2023-as-warmest-year-on-record/. Acesso em: 28 mar. 2024.

NEVES, Marcelo. *Transconstitucionalismo.* São Paulo: Martins Fontes, 2009.

NEW ZEALAND. *Order Paper Final n° 4.* New Zealand: New Zealand House Of Representatives, 02/12/2020. Disponível em: https://www.parliament.nz/resource/en-NZ/OrderPaper_20201202/12af3d67e35a1a7b17a7ff8370e2044608adfd07 Acesso: 20 jul. 2022.

NOVAK, Scott. The Role of Courts in Remedying Climate Chaos: Transcending Judicial Nihilism and Taking Survival Seriously. The Georgetown Environmental Law Review, Washington, v. 32, n. 743, p. 743-778, 2020.

OBSERVATÓRIO DO CLIMA. *Breve Análise da Segunda NDC do Brasil. 2024.* Disponível em: https://oc.eco.br/wp-content/uploads/2024/11/BREVE-ANALISE-DA-SEGUNDA-NDC-DO-BRASIL-1.pdf. Acesso em: 03 mai. 2025.

OXFORD UNIVERSITY. *Oxford Languages:* Word of the year 2019. United Kingdom: Oxford University Press, 2021. Disponível em: https://languages.oup.com/word-of-the-year/2019/. Acesso em: 03 nov. 2021.

OXFORD UNIVERSITY. *Oxford Learner's Dictionaries.* Climate emergency. United Kingdom: Oxford University Press, 2021a. Disponível em: https://www.oxfordlearnersdictionaries.com/us/definition/english/climate-emergency?q=climate+emergency. Acesso em: 15 jul. 2021.

PAINEL INTERGOVERNAMENTAL SOBRE MUDANÇAS CLIMÁTICAS (IPCC). *Aquecimento Global de 1,5°C.* Relatório Especial. Sumário para formuladores de políticas (2018). GT I, GT II, GT III. Tradução: Governo do Brasil. Brasil: MCTIC, jul. 2019. Disponível em: https://www.gov.br/mcti/pt-br/acompanhe-o-mcti/sirene/publicacoes/relatorios-do-ipcc/arquivos/pdf/relatorio-executivo-08-07-web.pdf. Acesso em: 09 jun. 2022.

PEEL, Jacqueline; LIN, Joline. Transnational Climate Litigation: The Contribution of the Global South. *The American Society of International Law,* Singapore, v. 113, n. 4, p. 679–726, 2019.

PEEL, Jacqueline; OSOFSKY, Hari M. A Rights Turn in Climate Change Litigation? *Transnational Environmental Law – TEL,* Cambridge, v. 7, n. 1, p. 37-67, dez. 2017.

PEEL, Jacqueline; OSOFSKY, Hari M. *Climate Change Litigation*: Regulatory Pathways to Cleaner Energy. Cambridge: Cambridge University Press, 2017.

POLÍTICA POR INTEIRO. NDC 2023: O Brasil aumentou sua ambição? *Instituto Talanoa,* 2023. Disponível em: https://politicaporinteiro.org/2023/09/20/ndc-2023-o-brasil-aumentou-a-ambicao/. Acesso em: 01 abr. 2024.

POSNER, Richard. *Catastrophe:* risk and response. New York: Oxford University Press, 2004.

RECIFE. *Decreto nº 33.080, de 08 de novembro de 2019.* Declara o reconhecimento à emergência climática global. Recife, PE: Câmara Municipal, 2019. Disponível em: https://leismunicipais.com.br/a/pe/r/recife/decreto/2019/3308/33080/decreto-n-33080-2019-declara-o-reconhecimento-a-emergencia-climatica-global. Acesso em: 14 nov. 2021.

RIO DE JANEIRO. *Lei nº 7.315, de 26 de abril de 2022.* Dispõe sobre o reconhecimento do Estado de Emergência Climática e estabelece a meta de neutralização das emissões de gases de efeito estufa no Rio de Janeiro até 2050. Rio de Janeiro, RJ: Câmara Municipal, 2022. Disponível em: https://leismunicipais.com.br/a/pe/r/recife/decreto/2019/3308/33080/decreto-n-33080-2019-declara-o-reconhecimento-a-emergencia-climatica-global. Acesso em: 14 nov. 2021.

RIPPLE, William J; WOLF, Christopher; NEWSOME, Thomas M; BARNARD, Phoebe; MOOMAW, William R. World Scientists' Warning of a Climate Emergency. *BioScience, Oxford*, Herndon, v. 70, issue 1, p. 8-12, jan. 2020. p. 8-12. Disponível em: https://academic.oup.com/bioscience/article/70/1/8/5610806. Acesso em: 29 jul. 2022.

ROCHA, Armando Rocha; SAMPAIO, Rômulo Sampaio. "Climate change before the European and Inter-American Courts of Human Rights: Comparing possible avenues before human rights bodies". *RECIEL*. v. 32, n. 2, 2023.

RODRIGUEZ, Sebastian. "Gigantic misses opertunity: Chile rejects green constitution". *Climate Home News*. 05/09/2024. Disponível em: https://www.climatechangenews.com/2022/09/05/gigantic-missed-opportunity-chile-rejects-green-constitution-faces-uncertainty/. Acesso em: 04 out.2024.

RODRÍGUEZ-GARAVITO, César. Litigating the Climate Emergency: The Global Rise of Human Rights-Base Litigation for Climate Action. *In:* César Rodríguez-Garavito (ed.). *Litigating the Climate Emergency:* How Human Rights, Courts, and Legal Mobilization can Bolster Climate Action. Cambridge University Press, 2022.

RODRÍGUEZ-GARAVITO, Désar. *Litigar a Emergência Climática*: a mobilização cidadã perante os tribunais para enfrentar a crise ambiental e assegurar direitos básicos. Rio de Janeiro: FGV Editora, 2022.

ROMM, Joseph. *Climate Change*: What Everyone Needs to Know. 3. ed. Oxford: Oxford University Press, 2022.

SANDS, Philippe Sands; Jacqueline Peel. *Principles of International Environmental Law*. 4. ed. Cambridge: Cambridge University Press, 2018.

SÃO SEPÉ. *Decreto nº 4.215, de 5 de junho de 2021*. Declara o reconhecimento à emergência climática global. São Sepé, RS: Câmara Municipal, 2021. Disponível em: http://www.saosepe.rs.gov.br/wp-content/uploads/2021/06/Decreto_n_4_215_de_5_6_2021.pdf. Acesso em: 14 nov. 2021.

SARLET, Ingo Wofgang; FENSTERSEIFER,Tiago. "O direito fundamental ao clima limpo, saudável e seguro e os deveres estatais de proteção climática à luz da Constituição Federal de 1988". *Cadernos Jurídicos da Escola Paulista da Magistratura*. Ano 24, n. 65, São Paulo, Jan-Mar, 2023.

SARLET, Ingo; FENSTERSEIFER, Tiago. *Direito Constitucional Ambiental*. 2. ed. São Paulo: Thomson Reuters, 2012.

SARLET, Ingo; FENSTERSEIFER, Tiago. Direitos Fundamentais e Deveres de Proteção Climática na Constituição Brasileira de 1988. *Revista de Direito Ambiental*. v. 108, out-dez, 2022.

SETZER, Joana; CARVALHO, Délton Winter de. *Climate litigation to protect the Brazilian Amazon: Establishing a constitutional right to a stable climate*. RECIEL, 2021.

SETZER, Joana; CUNHA, Kamyla; BOTTER FABBRI, Amália. *Litigância Climática*: novas fronteiras para o Direito Ambiental no Brasil. São Paulo: Thomson Reuters, 2019.

SILVA, José Afonso da. *Direito Ambiental Constitucional*. 4. ed. São Paulo: Malheiros, 2002.

SMITH, Joseph; SHEARMAN, David. *Climate Change Litigation*. Australia: Presidian Legal Publications, 2006.

STACEY, Jocelyn. The Public Law Paradoxes of Climate Emergency Declarations. *Forthcoming Transnational Environmental Law*, Cambridge, p. 1-29, mar. 15 2022. p. 13. Disponível em: https://ssrn.com/abstract=4058442. Acesso em: 01 ago. 2022.

STF, ADI 4066/2017 DF.

STF, ADPF 708, Rel. Min. Luis Roberto Barroso, julgado em: 01 jul. 2022.

STF, RE 466.343/2008.

STJ, REsp n. 1.782.692-PB, Segunda Turma, Rel. Min. Herman Benjamin, j. 13/08/2019; AgInt no Resp 1.688.885/SP, Segunda Turma, Rel. Min. Herman Benjamin, Data de Julgamento: 01 set. 2020, Publicado em: 21 out. 2020.

SUNSTEIN, Cass. *Averting Catastrophe*: decision theory for COVID-19, Climate Change, and Potential Disasters of All Kinds. New York: New York University Press, 2021.

SUTTON, Philip. *Local-first implementation*: Why a strong climate declaration is needed – at the local government level – and what it can do. ed. 22. Australia: RSTI, feb. 3 2017. p. 4. Disponível em: https://www.caceonline.org/uploads/1/2/7/5/12758111/local_first-implementation_local-govt.pdf. Acesso em: 01 ago. 2022.

THOMAS, Amanda; CRETNEY, Raven; HAYWARD, Bronwyn. Student Strike 4 Climate: emergency and citizenship. *New Zealand Geographer*, New Zealand, v. 75, p. 96-100, 2019.

TIGRE, Maria Antonia; CARVALHO, Délton Winter de; SETZER, Joana. "IEA v. Brazil: When the Court Accepts the Legally Disruptive Nature of Climate Change". *Climate Law Sabin Center Blog*. Disponível em: https://blogs.law.columbia.edu/climatechange/2021/12/21/iea-v-brazil-when-a-court-accepts-the-legally-disruptive-nature-of-climate-change/ Acesso em: 04 set.2024.

TIGRE, Maria Antonia; SETZER, Joana. "Human Rights and Climate Change for Climate Litigation in Brazil and Beyond: An Analysis of the Climate Fund Decision". *Georgetown Journal of International Law*. v. 54, 2023.

TIGRE, Maria Antonia; ROCHA, Armando; CARVALHO, Délton. *Brazil and Climate Justice*: Pioneering Climate Litigation for a Global Cause. Leiden: Brill-Nijhoff, 2025.

UNITED STATES. Supreme Court of the United States. Kelsey Cascadia Rose Juliana *et al.*, *v.* United States of America *et al.* 947 F. 3d 1159 (9th Cir. 2020). Disponível em: <http://climatecasechart.com/climate-change-litigation/case/juliana-v-united-states/>. Acesso em: 10 jun. 2023.

UNITED STATES. Supreme Court of the United States. Obergefell *et al. v.* Hodges, Director, Ohio Department of Health, *et al.* 576 F. 3d 1298 (6th Cir. 2015). Disponível em: <https://www.supremecourt.gov/opinions/14pdf/14-556_3204.pdf>. Acesso em: 10 jun. 2023.

UNITED STATES. United States District Court. District of Oregon. Eugene Division. Kelsey Cascadia Rose Juliana *et al., v.* United States of America *et al.* Opinion and Order. AIKEN, Judge Ann. 54 F. Case No. 6:15-cv-01517-TC. 2016.

VILE, M. J. C. *Constitutionalism And The Separation of Power.* 2. ed. Indianapolis: Liberty Fund, 1998.

VIOLA, Pasquale. *Climate Constitutionalism Momentum*: Adaptative Legal Systems. Cham: Springer, 2022.

VITORELLI, Edilson. *Processo Civil Estrutural*: teoria e prática. Salvador: JusPodium, 2020.

WIENER, Jonathan B. Precaution and Climate Change. In: CARLARNE, Cinnamon P.; GRAY, Kevin R.; TARASOFSKY, Richard G. (Eds). *The Oxford Handbook of International Climate Change Law.* Oxford: Oxford University Press, 2016.

WORLD METEOROLOGICAL ORGANIZATION (WMO). *2021 one of the seven warmest years on record, consolidated data show.* Switzerland: WMO, 20 jun. 2022. Disponível em: https://public.wmo.int/en/media/press-release/2021-one-of-seven-warmest-years-record-wmo-consolidated-data-shows#:~:text=Since%20the%201980s%2C%20each%20decade,to%20record%20global%20average%20warming. Acesso em: 20 jul. 2022.

WORLD METEOROLOGICAL ORGANIZATION (WMO). Climate Change indicators reached record levels in 2023: WMO. Disponível em: https://wmo.int/news/media-centre/climate-change-indicators-reached-record-levels-2023-wmo. Acesso em 30 mar. 2024.

WORLD METEOROLOGICAL ORGANIZATION (WMO). WMO confirms 2024 as warmest year on record at about 1.55°C above pre-industrial level. Disponível em: https://wmo.int/news/media-centre/wmo-confirms-2024-warmest-year-record-about-155degc-above-pre-industrial-level. Acesso em: 12/04/2025.